地域産業振興の人材育成塾

関 満博 編

新評論

はじめに

近年、地域産業振興の「現場」では、「人材育成」が最大の課題とされている。これといった自然資源に恵まれていないわが国の場合、優れた「人材」を生み出し、活躍してもらうことが不可欠であることは言うまでもない。

その場合、「人材」は実に多くの場面でイメージされることになる。

例えば、シニア、女性、中年、若者、大学生、高校生、中学生、小学生、幼児といった分け方もあれば、企業を焦点として、起業家、経営者、事業後継者、中間管理者、技術者、技能者などといった認識の仕方もある。また、地域産業振興という点から見れば、地域産業を牽引する地域プロデューサーといった人材の育成も不可欠になる。実に様々な領域で、「人材の育成」に関心が抱かれている。もちろん、これらのいずれの重要性も高い。それぞれに深めていくことが必要であろう。これらの中から、本書では、以下の理由から、主として地域中小企業の「後継者」に注目していくことにする。

振り返るならば、戦後の日本は、高度成長期の頃までは「多産多死」と言われながらも、中小企業の独立創業の活発な国として知られていた。また、日本の企業は「過小過多（小さい企業が多すぎる）」とも言われ、中小零細企業の拡がりが問題にされていたこともある。

だが、プラザ合意の一九八五年頃を境に、事態は一変する。その頃から、廃業数が新規創業数を上回るようになり、日本の事業所数は減少局面に入っていった。例えば、東京都の工場数の動きが象徴的であろう。プラザ合意直前の八三年には約一〇万工場を数えていたのだが、二〇〇三年には五万工場を割り込んでいった。二〇年間で半分になってしまっている。全国的にはこれほどではないが、東京、大阪などの大都市部ではほぼこうした状況になっているのである。

このような事態に対し、「良い企業だけ残ればよいのでは」という議論もある。だが、激しい競争によってレベルを上げてきた日本の中小企業の場合、数の減少は「気の緩み」につながる懸念もある。その兆候は、すでに各地で報告されている。また、減少の多くはいわゆる3K（キツイ、キタナイ、キケン）と言われる部門で目立つことも重要である。特に、鍛造、鋳造、メッキ、熱処理、大物機械加工、大物製缶、熔接、塗装などの領域での減少が目立っている。これらは、実は一国の基盤産業というべきものであり、その脆弱化は日本の「モノづくり」全体に重大な影響を及ぼすことになる。

この点、市場経済の世界では「必要なモノは、また必ず生まれる」という言い方がある。だが、わが国を取り巻く諸般の状況からして、日本国内に再び生まれるであろうか。それは、おそらく近隣の中国などで生まれていくではないかと思う。だが、私たちはそのような事態の到来をイメージして、近隣の諸国との付き合いを重ねて来たようには思えない。私たちは明らかに問題を先送りしているだけではないのか。この点は、今後の大きな課題であることは言うまでもない。

他方、このような事態に対して「新規創業を促すべき」という議論がある。明らかに、新たな企業が登場しない限り、産業社会は活性化しない。だが、この十数年の動きを見ていると、パソコン一台で始められるような事業分野にはかなり登場してきているものの、初期投資の大きい先の機械工業の基盤技術の部門ではほとんど見られない。全国的に見ても限りなくゼロに近い。これからも、多方面にわたる新規創業を期待しながらも、基盤技術部門の新規創業は相当に難しいと痛感せざるをえない。

このように見ていくならば、新規創業を促す努力を重ねながらも、私たちはむしろ事業所数の減少を食い止める努力をしていくことが現実的な課題ではないのか。実際に市場から退出する中小企業の多くは「後継者難」による場合が少なくない。高学歴化した息子、娘は継がず、また、サラリーマンが継ぐことはさらに難しい。成熟社会ゆえに、リスクを背負うことができなくなっているのである。ここに後継者問題の難しさがあるといってよい。

そして、このような認識は全国の各地で高まりつつある。事業後継者を意識的に育成しなければならないというのである。このような取組みは、まず、地域の金融機関から始まっているように思う。事業所数の減少は地域の金融機関にとって死活的な問題となろう。そのため、有力得意先の子弟の育成を意識して独自のプログラムを作成し、経験を重ねている金融機関もある。さらに、最近では地域の自立を目指す自治体や地域経済団体が中心になり、地元中小企業の「後継者育成」に取り組むところも出てきた。いずれも、地域のリーダーとなるべき中小企業の経営者育成を目指している。それは、あたかも全国の地域の中小企業をめぐる新たな潮流になってきたようにも思う。

このような点に着目し、本書では、全国のいくつかの興味深い取組みを取り上げ、地域産業における「事業後継者」育成の現状と課題を見ていくことに主たる目的を置いていくことにしたい。

ところで、本書は地域中小企業の事業後継者の育成を意識する編者の第三番目の著書となる。第一番目は『現場主義の人材育成法』（ちくま新書、二〇〇五年）であり、事業後継者育成の意味と編者自身の取組みを紹介した。第二番目は『二代目経営塾』（日経BP社、二〇〇六年）であり、全国の興味深い具体的な「事業継承」のケースを紹介、検討してきた。本書はそれに続く第三弾であり、全国の各地で取り組まれているケースを取り上げるものである。この三冊を重ね合わせて読んでいただくと、現在の「事業後継者」をめぐる問題の構図がより立体的に把握されると思う。

また、本書は全国の地域産業振興を願う私たちの第三一冊目の共同研究となった。「人材」の問題を扱ったものとしては、第三号の『人手不足と中小企業』(新評論、一九九二年)以来、ほぼ一五年ぶりの二冊目の報告となった。先に指摘したように、「人材」をめぐる状況は極めて重層的なものになってきた。本書を契機に、さらに多様な「人材」の問題に踏み込んでいけることを願っている。「人材」の問題は、地域産業振興の世界で最大の課題になってきたのである。

私自身、このような「現場」に身を置いており、ことの重要性はヒシと痛感している。全国の各地域が意欲的な「事業後継者」育成に取り組んでいくことを願わずにはいられない。そのような視点から全国のケースを掘り起こしてみた。力不足から、ここではわずか一三のケースを取り上げたにすぎない。おそらく全国の各地では私の知らないところで興味深い取組みが重ねられていると思う。そうした人びとと交流し、この問題をさらに深めていくことを願っている。今後も、皆様のご協力をいただければ幸いである。最後に、本書の編集の労をとっていただいた新評論の山田洋氏、吉住亜矢氏に深く感謝を申し上げたい。

二〇〇七年二月

関　満博

序章　地域産業振興の人材育成の意義

関　満博

戦後の高度成長期の頃までの地域産業政策は、融資、技術指導、経営指導などの中小企業対策に加え、公害対策、立地対策が主流であった。特に、拡大する経済活動を受け入れるための工業用地の確保、国土のバランスのとれた発展のための工場の分散、さらに、工場公害対策などが各地で取り組まれてきた。操業環境の確保と改善、そして、国土政策が底流に流れていた。いわば「イケイケ、トンドン」の時代であったのであろう。その政策の現場では、「人材育成」は「良質な労働力の確保」といった次元で語られていたように思う。

この「良質な労働力の確保」は永遠の課題だが、「人材育成」のテーマは、その後、さらに大きな拡がりをみせてくる。ニクソンショック、オイルショックを過ぎ、八〇年代に入った頃からは、成熟社会の到来が実感され、産業社会を活性化していく担い手としての「起業家」の育成、さらに、NC化などにより変質してきた現場の「技能」の継承が問題にされていく。若者の理科系離れが懸念され始めたのも、この頃からであろう。

そして、九〇年代に入る頃から、事業所数の顕著な減少が観察され始め、起業意欲、事業意欲の喚起がさらに重大な課題となっていった。特に「起業家」育成は産業社会を活性化させるための最大の課題になり、起業セミナー、インキュベーション施設の整備、ベンチャーキャピタルの設置等が広範に繰り広げられていった。

だが、新規創業を促そうとしても、この十数年、期待するほどの成果は上がっていない。さらに、廃業が新規創業を上回り、限られた新規創業もサービス系やパソコン一台ですむ身軽な部門などが目立つ程度である。もちろん、そうした領域が充実していくことも重要だが、日本の基本であるモノづくり部門の創業が極端に少なくなっていることが気にかかる。特に、重装備な設備投資を必要とする領域では、この十数年、新たな創業はほとんど見られないのである。

事態がこのような方向に向いているならば、新規創業を促す努力に加え、既存企業が廃業しないようにサポートしていくことも必要であろう。もちろん、時代対応力のなくなった企業が市場から退出していくことは当然だが、それまでに形成してきた事業基盤、資産を活かし、新たな企業に蘇っていけるように促していくことはさらに重要ではないかと思う。その場合、既存企業が新たな時代に対応できるように内面の高度化を図り、あるいは、それまでに築き上げた資産をベースに「第二創業」ともいうべきものに高まっていけるような環境を作っていくことが求められよう。その場合の最大のポイントは、事業を継承し、さらにそれを時代をリードするものに高めていこうとする新たな事業家の育成ということになろう。

このような認識に立って、本書は「人材育成」をテーマにしながらも、特に「事業後継者」の問題に集中して取り組んでいく(1)。そして、本書の序章となるこの章では、本書の以下の行論の流れを整理し、さらに、各章で議論される方向を明示しておくことにしたい。

1 「後継者育成」の時代

経営者の最大の仕事は「後継者の育成」と言われている。それは大企業においても、中小企業においても変わらない。特に、日本の企業の圧倒的大多数である中小企業においては、家業としての性格が強く、親子、あるいは親族が継承していくことが一般的に行われている。このような事態に対して、『経営学』の教科書は「中小企業といえども社会的な存在であり、適性のある人が継承していくことが望ましい」と記している場合が多い。このような指摘は実にもっとものように映る。だが、この十数年、中小企業の「現場」を観察していると、それは「理想論」にすぎないのではないかと思えてくる。

後継者の第一順位は息子、娘

ある中小企業の経営者が、先の指摘をもっともだと思い、改めて息子、娘を見ると、まことに頼りない。やはり従業員の中から選ぶべきと思い、ある若者に注目し、後継者候補として育てていく。彼は真面目で人望もあり、判断力にも期待できるものがある。そして、経営者が六〇歳代半ばとなり、彼も四〇歳代に達したことから、彼を呼び「私は引退する。明日から君が社長をやれ」と伝えたとしよう。彼は当然のごとく「有り難うございます。後は私に任せて下さい。ご心配なく」と応えるであろう。

彼は「今日はお祝いだ」ということで、花束とケーキを買って帰宅すると、意外なことが起こる。夫人が訝しがって「今日は誰も誕生日の子はいないわよ。どうしたの」と尋ねてくる。彼が「明日から、私が社長だ」と告げた瞬間、夫人は驚き、「止めて下さい。貴方は何を考えているの。うちはサラリーマンでいいのよ。定年まで間違いなく勤め上げ、それからは年金で静かに暮らしましょう。中小企業の社長になれば、この家も担保になるのでしょう。私は嫌です」と叫ぶであろう。

成熟と停滞のこの時代、サラリーマンはリスクを取ることができない。むしろ、夫人が取ろうとしない。家庭を取るか、会社を取るか。彼は悩み、結局、家庭を取ることになる。こうしたケースが年々、増えているのである。

この点、中小企業の息子、娘には全く違うものがある。彼らは小学校四～五年生の頃に不思議な経験をする。いつも仲の良い両親が、時々、喧嘩をすることに気づく。小さい子供にとって両親の喧嘩ほど悲しいことはない。だが、小学校六年生の頃には、ようやく理由がわかってくる。それは毎月一度のことであり、給料の支払日であることを知る。

サラリーマンとは「毎月、決まった給料を貰う人」のことを言う。中小企業の経営者とは「毎月、決まった給料を支払い、手元にお金の無くなる人」のことを言うのである。この現実を身をもって知っているかどうか、それは中小企業の経営者になりうるかどうかの最も基本的な要素であるように思う。後は、いかに息子、娘にキチンとした動機付けを行うかにかかっている。

仮に、その経営者に息子、娘がいない場合、あるいは、年齢が離れすぎている場合はどうするか。私は従業員から選ぶならば、親がサラリーマンではなく、何らかの商売をしていたケースから選ぶべき、と助言している。この無限責任の国で、中小企業の経営者であるためには、よほどの覚悟が必要とされるのである。

後継者向けの教育システムの欠如

ところで、このテーマに関する現代日本の問題は、中小企業の経営者になるべき人物に対しての適切な教育システムが存在しないことである。

中小企業の社長は大企業の社長以上に責任が重く、また、会社においても圧倒的な存在であるがゆえに、社会に対する洞察力、行動力、意思決定の速さ、さらに、ささいなことではブレない精神力等が求められる。これまでは、特に教育システムも無い中で、多くの社長たちは実践を通じて、それらを身に着けてきた。また、これまでの世の中には先行ケースがあり、誰かの背中を見続けて、ひたすら頑張ればよかった。

だが、二一世紀に踏み込んだ現在、多くを語る余裕はないが、明らかに日本はこれまでとは全く異なる環境に置かれている。アメリカの背中を見て、ひたすら頑張ればよいという時代ではない。先例の無い世界に放り出され、全てを自分で考え、切り開いていかなくてはならない。日本人の多くは、そうしたことに慣れていない。また、そうした教育もされていない。だが、時代はまさに、そうしたことに挑戦的になれるかを問いかけている。先代の時代とは全く違うのである。残念なことに、これまでの日本の教育は、そうしたことを教えていないのである。

実際、三〇歳代に入った後継者の方々と付き合うと、忙しさにまぎれて考えることを停止し、将来の不安から目を背けようとしているかのように見える。ある後継者は「会社にいると、日に日に、自分が縮まる」と表現してくれた。彼らは、何らかの突破口を求めて苦しんでいるように見える。だが、社会には彼らの「思い」を受け止めてくれる仕組みは形成されていない。

現在、東京や大阪などの大都市には、夜間の社会人大学院、ＭＢＡコースが大量に用意されている。私は、いずれにも関わってきたが、これらは中小企業の後継者向きにはできていないことを痛感させられている。例えば、会社で忙しい立場になってきた後継者が、夜間とはいえ、週に二度も三度も大学に通うことができるのかどうか。週に一日でも難しいと思う。事実、夜間大学院に通ってくる人びとの多くは、公務員か窓際の銀行員などなのである。

また、ＭＢＡコースに関しては、とても日本の中小企業の現実に対応できるような内容になっていない。アメリカの教科書を翻訳したようなものが多く、また、大企業の中間管理者かコンサルタント希望の方々向きにできているように思う。次の時代を切り開いていく中小企業の後継者が学ぶ枠組みは、実は日本のどこにもないのである。

私塾的な集まりに「未来」を

このような枠組みの中で、私は二〇〇一年四月から、第一章で検討するりそな総合研究所の「りそなマネジメントスクール」の「マスターコース」を引き受けることになっていく。その経緯と内容は第一章で述べるが、銀行系の「私塾」的教育に携わりながら、各地を掘り起こしてみると、実は見えないところで、興味深い取組みが重ねられてきたことを知った。

それらは、本書の各章で詳細に論じられるが、いずれも地域の中小企業の後継者育成を視野に入れたものであり、地域の実情に則した興味深い内容を重ねてきていたのであった。古いものでは九州生産性本部の主宰する「九州生産性大学経営講座」、りそな総合研究所の「りそなマネジメントスクール」、伊予銀行の「ニュー・リーダー・セミナー」、そして、京都銀行の「若手経営者育成塾」がキチンとした実績を残していた。

また、二〇〇〇年代に入ったあたりからは、地方の自治体がこのような取組みを見せ始めたことも興味深い。岩手県北上市、宮古市、山形県長井市、新潟県柏崎市、東京都墨田区、富山県高岡市、岡山県津山市、玉野市、瀬戸内市、島根県東出雲町などでは、それぞれの地域条件に則した取組みを開始している。各自治体とも地域産業振興に熱心なところであり、地域の力のある市民であるはずの中小企業が活躍していくためには、「後継者育成」が最大の課題と受け止めているのである。これらの取組みは、地域産業振興の世界の「最先端」というべきであろう。

私自身、本書で紹介するほぼ全ての「塾」(おびしん地域経営塾以外)と何らかの関わりを持っているが、孤独になりがちな後継者の人びとが、志を高くし、結集してくるだけでエネルギーが爆発することを痛感させられている。もちろん、各グループを支える関係者の努力はたいへんなものだが、参加する後継者たちは新たな「希望」と「勇気」を胸に、一歩踏み込んだ取組みを重ねていくのである。サポートする自治体関係や地域金融機関の人びとも、そこに集う地元の後継者たちの姿を見て、また新たな「勇気」を抱いていく。各グループのやり方は各章で述べられているが、参加する後継者、そして、サポートする人びとのいずれもが、「未来」を見て、新たな一歩を踏み出していることに感動を覚えざるをえない。

各地で起こり始めた「私塾」的な集まりは、明らかに地域産業振興の世界の「先端」であり、私たちを新たな「世界」に導いていくのであろう。本書を通じて、そのエネルギーの一端を読者諸賢のお手許にお届けできれば、これに勝る喜びはない。

2　本書の構成

以上のような問題の構図の中にある「人材育成」「後継者育成」を主題に、本書は具体的なケースを取り上げながら、多様な議論を重ねていくことにする。本書で取り上げる以外にも、最近、新たに開始されたところもある。それらを収録できなかったことはやや残念だが、本書で取り上げるケースが、この問題の先行的なケースである。本書は全体で一三章から構成されるが、ここでは、本書全体の序章として、以下の各章で議論される方向を素描しておくことにしたい。なお、本書は一三章で構成されているが、全体を大きく三部構成にしてある。

人材育成の老舗

第I部は、「後継者育成」の老舗というべきものであり、十年以上の実績のある四つの塾を取り上げた。これらの経験は、後に続くグループに大きな刺激を与えるであろう。

「後継者育成の先駆的取り組み」と題する第一章は、都市銀行の一角を構成するりそな銀行の「りそな総合研究所」が主催している「りそなマネジメントスクール」と「マスターコース」を取り上げる。「マネジメントスクール」は一九八八年から開催されており、二〇〇七年で二〇期を迎える。りそな銀行の有力取引先の子弟を預かるものであり、毎年、五〇人前後を集め、月に一回開催されている。経営の基本を学ぶことに重点が置かれてきた。そして、九〇年代末頃、OBたちから、より高いレベルの教育の機会が欲しいとの要望があり、「マネジメントスクール」の上のコースとして少人数の「マスターコース」を二〇〇一年から開催している。このりそな総研の経験は、金融系としては最も実績があり、内容も充実しているように思う。

第二章の「地域の人材育成　ニュー・リーダー・セミナー」は、四国を代表する地方銀行である伊予銀行の「いよぎん地域経済研究センター」が主催するものであり、八九年から開始されている。地銀では最も早いのではないかと思う。この「ニュー・リーダー・セミナー」も月一回、メンバーは三〇〜四〇人で構成されている。このセミナーは、経営管理の基本というよりも、地方ではなかなか聞きにくい先端の講師陣を迎え、地元の後継者たちに刺激を与えることを特色としている。

第三章の「西日本屈指の歴史と規模を誇る」は、㈶九州生産性本部が開催している。九州全域を視野に入れ、経営者、後継者、中間管理者、労働組合幹部などまでを対象に、毎年、四〇〇〜五〇〇人を集めている。スタートしたのは、一九五九年であり、すでに五〇年近い実績を重ねている。メンバーを一一のコースに分け、幅の広い取組みを重ねているところに特徴がある。このような広域かつ規模の大きい取組みは、他では見ることができない。

第四章の「自主的留年生も出る『若手経営者育成塾』」は、京都の地銀である京都銀行の「京都総合経済研究所」が主催している。スタートしたのは九六年、ほぼ一〇年の実績を重ねている。京都総研は以前から「京銀プレジデントアソシエーション」という有力取引先の会員組織を持っていたが、その会員の後継者、幹部候補生を対象に始めている（毎年、六〇人募集）。この塾は年間五～六回だが、極めて実践的な内容であることを特徴としている。特に、留年生が多いことも一つの特徴になっている。それだけ、魅力的な塾ということなのであろう。

地域の取組み

第Ⅱ部は、二〇〇〇年代に入ってから取り組まれ始めたケースであり、市区町村といった基礎自治体の取組みが目立っている。地域の自立と活性化が目指されているのであろう。

第五章の「中小企業のまちすみだ発・後継者育成」は、東京都墨田区が主催している「フロンティアすみだ塾」である。墨田区は日本の基礎自治体の中で最も中小企業振興に意欲的であることで知られている。区内にはすみだ中小企業センターをはじめ、多くの産業支援施設が整えられている。(2) だが、二〇〇〇年代に入った頃から、区内中小企業の後継者育成を最大のテーマと認識し、二〇〇四年からメンバー一〇人ほどの塾をスタートさせた。小人数の密度の濃い塾であり、全国の同様の塾の交流拠点的な意味を帯びてきた。現在、最もエネルギーの高い後継者塾の一つと言えそうである。

第六章の「地元工業界における人材育成の新たな試み」は新潟県柏崎の「若手ものづくりフロンティア塾」である。柏崎は人口一〇万人ほどの地方小都市だが、機械工業が意外な発達を示している。(3) この機械工業をベースに、以前から「柏崎青年工業クラブ（会員約五〇人）」というものがある。このメンバーから十数人が集まり、二〇〇三年にスタートした。メンバーはほぼ固定しており、開催も不定期だが、地元の同業種ということから密度の濃い交流を重ねているところに特徴がある。

第七章の「『志』の高まりとネットワークの拡がり」は富山県高岡市の後継者塾である。この塾は定年退職間近であった市役所商工部長の発案で、二〇〇三年からスタートしている。メンバーは十数人、後継者にこだわらず、若い創業経営者、商工会議所職員、金融機関職員なども含まれている。名称を「地域活性化研究会」としているように、「地元をどうしていくのか」というテーマを軸に、交流を深め刺激的な関係を形成していこうとするところに特色がある。[4]

第八章の「燃えろ！『一石塾』」は岩手県北上市の塾である。北上は、この三〇年ほどの間で、日本の地方都市としては最も成功した市と言われている。[5] それは工場誘致によるものであった。そして、そこには身を粉にして活躍した人物がいた。彼は若くして逝去されるが、その方を偲び、二〇〇三年に「一石塾」が結成されていく。中小企業の後継者が中心だが、市役所、会議所、地元信金の若手職員も参加している。開催は不定期だが、地域の将来に向けて「志」を高めることを第一義に置いているのである。

第九章の「東出雲ものづくりカレッジ２００４」は島根県東出雲町で行われている塾である。東出雲町は山陰の一万四五〇〇人ほどの町だが、地元に三菱農機があり、古い在来型の機械金属関連の中小企業が集積している。これらの後継者の一〇人ほどを集め、工場経営を軸にするという実践的な内容の塾を形成している。経験の深い指導者の下で、各工場の改善に具体的に踏み込むなどをしている。

第一〇章の「おびしん地域経営塾」は北海道帯広市を拠点にする帯広信用金庫が、二〇〇一年からスタートさせている塾である。最近、岩手県花巻市の花巻信金も同様の塾の開催に踏み出しているが、信用金庫としては、この帯広のケースが先駆的なものである。会員は約三〇人、小樽商科大学とジョイントし、カリキュラムも洗練されたものであることが注目される。

第一一章の「三つの塾を競わせてスタート」は岡山県が展開している興味深いケースである。岡山県は地域産業振興に熱心であり、県内の特色のある三つの市（津山市、玉野市、瀬戸内市）に注目、各市役所を中心に地域の中小企業の後継者をそれぞれ一〇人ほどを組織し、さらに三つの塾を盛んに交流させながら、刺激的な関係を作ることに腐心している。スタートしたのは二〇〇五年からだが、各塾は毎月開催され、また、年に三回は三つの塾が集まり交流するというスタイルをとっている。(6)

多様な人材育成

第Ⅲ部は、必ずしも中小企業の後継者育成というだけではなく、さらに広い範囲で人材育成に取り組んでいる地域に着目する。このようなテーマに関しては、全国の多くの地域で取り組まれているものと思うが、本書で取り上げる二つのケースは、それらの中でも際立った成果を上げている。

第一二章の「多様な人材育成の展開」は山形県長井市に注目する。人口約三万人の地方小都市の長井は、電子部品メーカーの企業城下町として歩んできた。だが、九〇年代の中頃に大きな構造転換を迎える。その時、地域の最大の経営資源を「人材」と見定め、興味深い取組みを重ねてきた。地元工業高校の改革、地域中小企業の若手人材の育成、さらに、後継者の育成と進んでいく。「人材」を焦点に、これだけ重層的な取組みを重ねている地方小都市は他にないのではないかと思う。(7)

第一三章の「モノづくりの出来る人づくり・寺子屋」は岩手県宮古市の取組みに注目していく。水産加工のまちと思われている宮古は、実は現在、「コネクターのまち」として金型関連企業の集積が目立つものになってきた。この点に注目し、宮古は金型技術者の養成、中小企業の後継者育成に興味深い取組みを重ねているのである。(8)

以上のように、本書は「人材育成」、その中でも中小企業の「後継者育成」を焦点に、各地の取組みを紹介するものである。各地の取組みから「人材育成」「後継者育成」の諸問題があぶりだされていくことになろう。また、本書を通じてもう一つの興味深い点は、そうした取組みを重ねていくにあたって、それをリードした、あるいは下支えした「人材」が存在していたということであろう。本書の執筆者の方々が、まさにそうした「人材」なのである。したがって、本書は、そうした方々の「歩み」の記録ということにもなる。

おそらく、本書の執筆陣もこれを契機にさらに取組みを深めていくことになる。特に、現場の感触では、このような各地域のグループを相互に交流させることにより、さらにエネルギーが倍加することが確信される。そのような取組みを重ねながら、各地に新たな「うねり」を引き起し、やや停滞気味の地域にインパクトを与える仕事をしていきたいと願っている。読者諸賢も、それぞれの地域で一歩踏み込んだ取組みを重ねていくことをお願いしたい。

(1) このような文脈での中小企業の「後継者問題」に関しては、関満博『現場主義の人材育成法』ちくま新書、二〇〇五年、同『二代目経営塾』日経BP社、二〇〇六年、を参照されたい。
(2) 墨田区の中小企業政策の取組みに関しては、関満博『地域経済と中小企業』ちくま新書、一九九五年、中山誠「すみだ中小企業センター」（関満博・山田伸顕編『地域振興と産業支援施設』新評論、一九九七年）、同「『中小企業のまちすみだ』の新規創業支援」（関満博・関幸子編『インキュベータとＳＯＨＯ』新評論、二〇〇五年）を参照されたい。

（3）柏崎産業の全体的な構図については、一橋大学関満博研究室『新潟県柏崎市工業の発展戦略』二〇〇三年、を参照されたい。

（4）高岡産業の全体的な構図については、一橋大学関満博研究室『高岡の挑戦』二〇〇六年、を参照されたい。

（5）北上の工業発展の道筋等に関しては、関満博・加藤秀雄編『テクノポリスと地域産業振興』新評論、一九九四年、を参照されたい。

（6）玉野に関しては、関満博・岡本博公編『挑戦する企業城下町』新評論、二〇〇一年、を参照されたい。

（7）長井に関しては、関満博ゼミナール『山形県長井市の産業振興戦略』一九九八年、横山照康「企業城下町から人材育成へ——山形県長井市の取り組み」（関満博・横山照康編『地方小都市の産業振興戦略』新評論、二〇〇四年）を参照されたい。

（8）宮古に関しては、関満博ゼミナール『岩手県宮古市の産業振興戦略』一九九九年、関満博「地方小都市の産業振興——岩手県宮古市の展開」（関満博・小川正博編『21世紀の地域産業振興戦略』新評論、二〇〇〇年）、佐藤日出海「海産物加工の現状と将来——岩手県宮古市」（関満博・佐藤日出海編『21世紀型地場産業の発展戦略』新評論、二〇〇二年）、一橋大学関満博研究室『21世紀宮古モデル』二〇〇五年、を参照されたい。

第Ⅰ部　後継者育成の老舗

第一章　後継者育成の先駆的取組み
——マネジメントスクールとマスターコース（りそな銀行）

関　満博

　全国で人材育成を意図するセミナーは、実に幅広く行われている。経済産業省、厚生労働省、国土交通省などの国の関係機関をはじめ、各県、各市町村、商工会議所、商工会、金融機関などが多様な取組みを重ねてきた。その狙いとする所は様々だが、それらがわが国の人材の育成に果たした役割は少なくない。ただし、これらの中で、企業経営の「後継者」に焦点を絞ったものとなると、系統的に実施されているものはそれほど多くはないように思える。

「後継者育成」を焦点とするこれまでの大規模かつ代表的なものとしては、中小企業基盤整備機構の「中小企業大学校」の「後継者育成講座」が知られる。この「後継者育成講座」は、従来は若手後継者を対象にした半年ほどの「合宿」形式であったのだが、近年やや縮小され、年間一五日間ほどのものに変わってきている。この中小企業大学校の「後継者育成講座」は、これまで多くの中小企業の後継者を育成してきたのであった。

　このような経験に加え、近年、明確に「後継者育成」を掲げ、地域の金融機関や市町村などの自治体が、地域の将来を担う若者に着目し、興味深い取組みを開始していることが注目される。特に、地域分権、地域の自立が求められ始めた二〇〇〇年前後から、先進的な自治体においては次の時代を担う若手「後継者」の育成が、地域産業・企業振興の最大の課題として受け止められてきている。「人材」以外にこれといった資源のないわが国の場合、「志」の高い、「元気な」若手経営者が登場しない限り、地域の明日はないとの認識が深まってきたのであろう。

ただし、「志」の高い「人材の育成」はまことに難しい。特に、成熟し豊かになったわが国において、かつてのようなハングリー精神を広く期待することは難しく、「ガンバレ」と激励するだけでは若者の心に響くものは少ない。これまでとは違った枠組みの中で、新たな「希望」と「勇気」をどう身に着けていくかが問われているように思える。

このような点からして、本章で検討するりそな銀行の「後継者育成セミナー」である「りそなマネジメントスクール」と「戦略経営マスターコース」の歩みと現在が注目されることになる。この「りそなマネジメントスクール」はほぼ二〇年の歩みを重ねており、時代と共に進化していることが興味深い。おそらく、このりそな銀行の取組みは、金融機関の中では最も実績があるのではないかと思う。

1　りそなマネジメントスクールの歩み

「りそなマネジメントスクール」がスタートしたのは一九八八年九月であり、二〇〇七年には二〇年を重ねることになる。当初、東京会場の参加者二一人でスタートした「マネジメントスクール」は、年々、充実し、二〇〇六年の第一九期には、東京会場五六人、大阪会場三五人の計九一人が学ぶものになっていった。この一九年間で学んだ「後継者」は九八三人、すでに社長に就任している方は三一二人を数えているのである。

「りそなマネジメントスクール」のスタート

この「りそなマネジメントスクール」は、りそな銀行の前身の一つである協和銀行に遡る。八〇年代の中頃は金融機関が「総合研究所」「経営研究所」等を設立するブーム時であり、八六年、協和銀行は東京に㈱協和中小企業経営研究所を設立している。調査、コンサルティング事業を目指すものであった。その頃、人材育成、研修事業を行っていた㈱レック・コンサルティング・グループが、協和中小企業経営研究所に新たな後継者育成のための「研修事業」を提案してきた。このレック・コンサルティング・グループとは、かつての㈶日本生産性本部（現、㈶社会経済生産性本部）のコンサルティング部門出身の方々によって設立されたものであった。

この提案を受け止めた協和中小企業経営研究所は、レック・コンサルティング・グループのメンバーを講師陣に「協和ビジネススクール」を八八年九月にスタートさせている。「事業後継者を育成します」と題されている当時のパンフレットには、以下のように記されている。

「最新の経営を教え、他業種への人脈を拡げます。」「断片的な知識を教えるセミナーではありません。グループ討議やレポート作成を通じて、最新の戦略的経営を体系的に習得します。」「コンサルティング指導経験の豊富な講師陣により、自社分析、検討をはじめ経営革新に役立つ実践的な研究の場とします。」「同じ問題を他社はどう考えているのか、グループ討議などを通じ、視野の広さや異業種との交流の大切さを学び、最後に顔の広さ、人脈の形成に結びつけます。」としていた。

第一期のスケジュールは、八八年九月から八九年六月までの一〇カ月間、毎月一回、早朝一〇時から一七時まで。一泊二日の合宿が二回、定員は先着順で二〇人前後とされていた。そして、この第一期生には二一人が参加してきたのであった。

第二期（八九年七月～九〇年三月）には、前年の倍の四〇人が参加し、第三期（九〇年五月～九一年二月）からは、会場を東京に加え大阪にも置くことになる。なお、第三期から第一五期（二〇〇二年四月～二〇〇三年二月）までは、大阪会場は一年おきに開催されている。この間、協和銀行と埼玉銀行が合併（一九九一年四月）してあさひ銀行となり、その結果、実施主体は㈱協和中小企業経営研究所から㈱あさひ銀総合研究所（一九九二年設立）に移っていった。名称も九二年から「あさひマネジメントスクール」となった。

さらに、二〇〇三年には、関東中心のあさひ銀行と大阪中心の大和銀行が合併することになり、㈱あさひ銀総合研究所も現在の㈱りそな総合研究所に改組されていく。スクールの名称も同時に現在の「りそなマネジメントスクール」に変わる。特に、大阪を主体としている旧大和銀行の蓄積もあり、「りそなマネジメントスクール」の開催は、第一七期（二〇〇四年四月～二〇〇五年二月）以降は、毎年、東京会場、大阪会場の二カ所となっていった。

カリキュラムの進化

表1―1に見るように、カリキュラムは第一期の頃と、第二〇期（二〇〇七年四月～二〇〇八年二月）ではかなり異なったものになっている。講義の回数が第一期の頃は八回であったのだが、第二〇期には一一回に拡大し、さらに、選択講座として海外研修が組み込まれてきた。この任意の海外研修は第

表１—１　りそなマネジメントスクール講座概要

	第１期（1988 年）	第 20 期（2007 年）
第１講	戦略経営	開講式講演
第２講	マーケティング戦略	戦略経営
第３講	人事戦略	財務戦略
第４講	コンピュータの活用	コストダウン戦略
第５講	財務分析、特別講演	人事戦略
第６講	新製品・新規事業の開発	マーケティング戦略、パネルディスカッション
第７講	企業体質強化策	リスクマネジメント・コンプライアンス経営
第８講	経営計画のまとめ	事業計画の策定
第９講		経営者のためのスピーチ術
第10講		取締役の義務と責任
第11講		経営者のリーダーシップ
選択講座		海外研修

一三期（二〇〇〇年四月〜二〇〇一年二月）から開催されており、当初は欧米が多かったのだが、最近ではアジア、特にベトナムを訪問している。この海外研修は冬季の二月に実施されることから、温暖な場所が選択されている。この海外研修参加者はほぼ受講者の三〇％程度のようである。

カリキュラムの中身を見ると、第一期の頃は、戦略経営、マーケティング戦略、人事戦略、財務分析、新製品・新規事業開発、経営計画などの実践的な科目が目立ったが、第二〇期では、経営者のスピーチ術、取締役の義務と責任、経営者のリーダーシップなどの科目も加わり、より幅の広いものになってきたことが理解される。実際、第一三期までは、第一期からの講師陣が継続していたのだが、彼らが高齢になったこともあり、第一四期から大幅な講師陣の入れ替え、カリキュラムの改善が行われている。さらに、最近では毎回、受講者に「①たいへん参考になった」「②参考になった」「③どちらともいえない」「④参考にならなかった」の四段階の評価をしてもらい、①②を合わせて七〇〜八〇％を基準にして講師を入れ替えている。常に「品質」の向上を目指している。

写真１—１　第18期生のベトナム研修

私（関満博）は二〇〇一年の第一四期から初回の「開講式講演」を受け持っている。この三時間ほどの開講式講演に関しては、パンフレットでは「今、日本や中国を始めとするアジアの生産現場では何が起きているのか。若い経営者・労働者のエネルギーに満ちた最先端の生産現場を紹介しながら、次世代の若者に『グローバルに考え地域で行動せよ』と唱え、………これからの日本の中小企業の経営者たちはこれらの国とどう付き合っていけばよいのか、経営の舵をどう切っていけばよいのか、新たな経営の方向を示唆します」と記されてある。要は、これから一年のスクールを開始するにあたり、意識高揚を図ろうというのである。

また、卒業生が一〇〇〇人に近いものになり、OB会も積極的に行われるようになってきた。各期ごとにも組織されているが、全体のOB会が九九年から毎年開かれるようになってきた。このOB会の参加者は毎回ほぼ二〇〇人ほどであり、講

写真１—２　マネジメントスクールの修了式

演会、情報交換会、懇親会が重ねられている。また、この懇親会にはりそなグループの幹部が勢ぞろいし、若手経営者、後継者と交流を深めている。りそなグループのマネジメントスクールへの意気込みが感じられる懇親会になっている。

実際の進め方

表１—２は、第一期以来の受講者の推移が掲載されている。第一期二一人でスタートしたマネジメントスクールは、次第に受講者の数を増し、第一〇期前後は五〇〜七〇人に拡大、最近では九〇人前後となってきた。東京会場がほぼ五〇人前後、大阪会場が三五人前後でほぼ安定してきている。そのため、これらの受講者をほぼ七人程度のグループに分け、各グループにりそな総研のコンサルタントをコーディネーターとして一人ずつ配置している。

これらのコーディネーターは、講義やレポート

表1—2　りそなマネジメントスクールの実績

期	会場	期　　間	参加者	海外研修
第1期	東京	1988年9月～1989年6月	21人	
第2期	東京	1989年7月～1990年3月	40人	
第3期	東京 大阪	1990年5月～1991年2月 1990年5月～1991年2月	24人 19人	
第4期	東京	1991年5月～1992年2月	31人	
第5期	東京 大阪	1992年4月～1993年2月 1992年4月～1993年2月	26人 22人	
第6期	東京	1993年4月～1994年2月	33人	
第7期	東京 大阪	1994年4月～1995年2月 1994年4月～1995年2月	37人 22人	
第8期	東京	1995年4月～1996年2月	37人	
第9期	東京 大阪	1996年4月～1997年2月 1996年4月～1997年2月	34人 13人	
第10期	東京	1997年4月～1998年2月	44人	
第11期	東京 大阪	1998年4月～1999年2月 1998年4月～1999年2月	34人 30人	
第12期	東京	1999年4月～2000年2月	40人	
第13期	東京 大阪	2000年4月～2001年2月 2000年4月～2001年2月	44人 24人	アメリカ
第14期	東京	2001年4月～2002年2月	44人	アメリカ
第15期	東京 大阪	2002年4月～2003年2月 2002年4月～2003年2月	36人 17人	イタリア
第16期	東京	2003年4月～2004年2月	45人	中国、マレーシア、シンガポール
第17期	東京 大阪	2004年4月～2005年2月 2004年4月～2005年2月	52人 33人	イタリア
第18期	東京 大阪	2005年4月～2006年2月 2005年4月～2006年2月	52人 38人	ベトナム、ドイツ
第19期	東京 大阪	2006年4月～2007年2月 2006年4月～2007年2月	56人 35人	ベトナム
	合計		983人	

作成のフォローばかりでなく、後継者としての悩みや他の参加者との交流についてもサポートし、さらに、担当受講者の会社訪問等を行い、経営者との面談、周辺情報の収集等、幅の広いコンサルティングも行っている。

また、各講義の終了後は、アサイメントとして各講義のテーマに沿った自社についてのレポートを作成することになる。例えば、財務分析の場合は各社の四期分の決算書を持参させ、各自に分析してもらい、それに対して個別にコーディネーターが指導を重ねていく。

このようにして、経営の基本を学びながら、さらに国内合宿、海外研修、先輩経営者の特別講演、パネルディスカッション等を重ねていく。同期の受講生との交流、先輩との交流という縦横の関係を形成していくことになる。

2　受講生の特性と感想

受講者の特性

第一期から第一九期までの受講生九八三人のうち、女性は二五人（二・六%）にすぎない。それでも、最近はやや増加し始め、第一九期は四人（四・四%）までできた。今後の参加が期待される。

図1―1は第一八期と第一九期の受講生一八三人の属性をまとめたものだが、いくつか興味深い点が読み取れる。

すでに現役の社長が受講生の八%ほどだが、七三%がオーナー一族、九%がオーナーの娘婿という点が興味深い。この両者を合わせて八二%になる。後継者として親族を育てたいとする意向が読み取れる。また、一〇%は「社員」だが、これらは縁戚関係のない経営者候補に加え、親族の後継者をサポートできる幹部の育成を意図している場合が少なくない。まず、子息をマネジメントスクールに出し、その後、幹部社員を受講させる場合が観察される。

業種的には、製造業が四二%、卸売業一六%、建設・不動産業一六%、小売・運輸・その他サービス

図1—1　マネジメントスクール受講者の特性

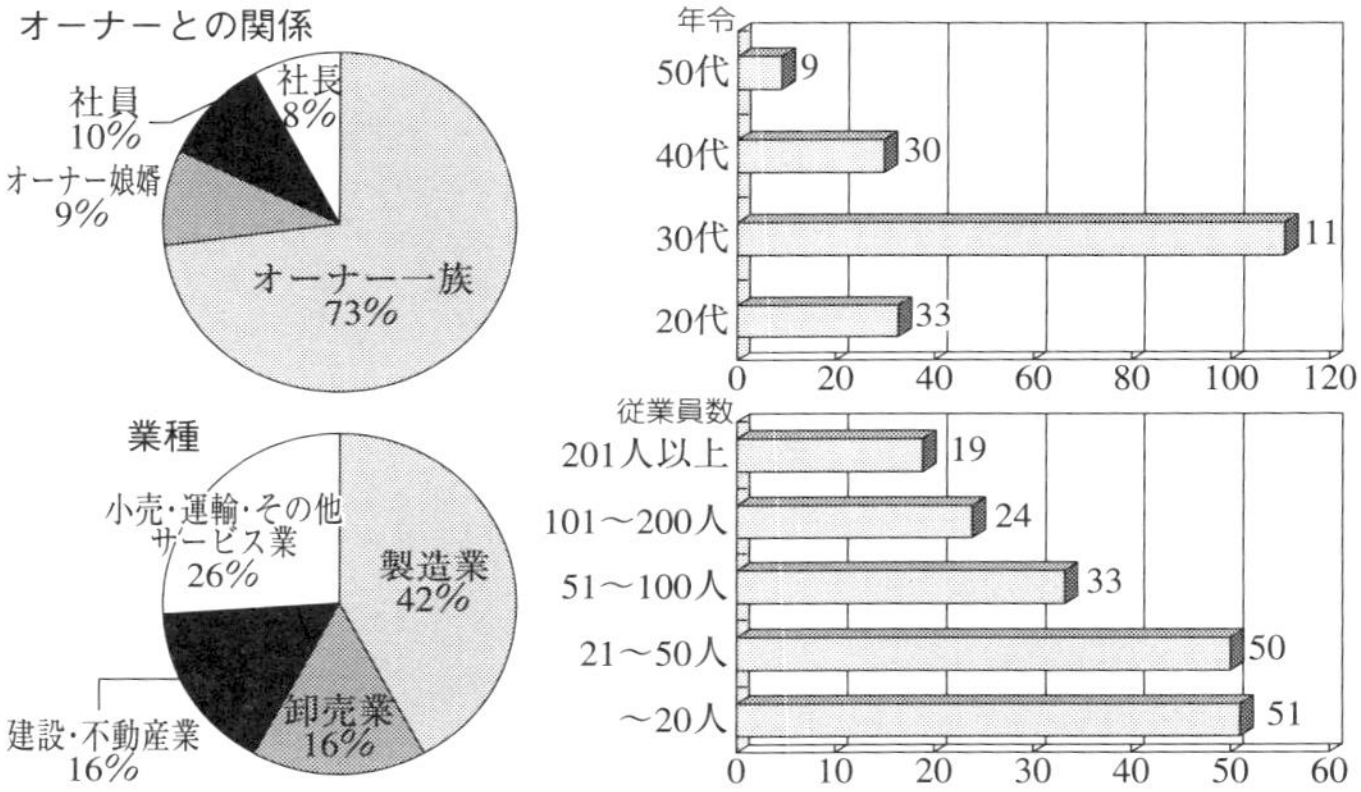

注：第18期、第19期の183人の集計。

業が二六％の構成になっている。

年齢的には、三〇歳代が六一％と圧倒的に多く、二〇歳代一八％、四〇歳代一六％であり、五〇歳代も五％を数えている。

受講者の企業の従業員規模は実に幅広く、一人～二〇人の場合が二八％、二一人～五〇人が二七％と五〇人以下の企業が全体の五五％を占めている。五一人から一〇〇人で一八％、一〇一人から二〇〇人で一三％、二〇一人以上の企業が一〇％となっている。

また、受講者の地域別では、東京地区五〇・三％、埼玉地区一八・三％、名古屋地区七・四％、大阪地区二四・〇％とされている。大阪地区の人でも東京会場に参加する場合もあり、また、兄弟を出す場合、一人は東京、一人は大阪の場合なども観察される。あるいは、東京会場に参加していても、都合で受講できない場合、大阪会場で受講する場合もみられる。

受講に関する感想

なお、受講生を出した社長の感想として、以下のようなものが寄せられている。

「次期社長としての立場を本人に自覚させ、社内外にもハッキリさせるよいチャンスだと思って参加させた。」「事業後継者として、体系的に勉強させるチャンスは滅多にないので厳しく指導して欲しい。」「現在、営業を担当させているが、交際範囲が狭いので見識を広めるためにもこの機会に人脈を拡げさせたい。」「マネジメントスクール修了後、息子の顔つきが変った。」「人事、販売、資金繰りなど多面的、総合的に課題をとらえ、積極的な意見が出るようになった。」などが指摘されている。

また、参加した受講生たちからは、以下のような意見が寄せられている。

「経営者にとって必要な知識を系統だてて学ぶことができ、有意義な研修であった。」「研修を重ねるにしたがい、会社を経営していくことの重大さ、難しさが身にしみて分かり、社長である父親の苦労がよく理解できた。」「アサイメントの作成については苦労したが、研修の中で自社についてしっかり分析することにより、自社の現状を把握することができて満足している。」「後継者という同じ立場で、利害関係無しに本音で話し合える仲間ができた。卒業後も永く付き合っていきたい。」「いろいろな機会に異業種交流できたが、自分の視野が狭かったことを実感した。卒業後もＯＢ会に積極的に参加し交流を広めていきたい。」などが指摘されている。

このように、ほぼ二〇年の蓄積のあるりそなマネジメントスクールは、興味深い展開を示しているのである。

3　戦略経営マスターコース

二〇〇〇年の秋、りそな総合研究所（当時、あさひ銀総合研究所）から、私のところに打診があった。先に検討したように、りそな銀行では、一九八八年から「りそなマネジメントスクール」を実施し、すでに一三年の実績を重ねていた。そして、卒業したOBたちから「マネジメントスクールのような経営管理の基礎を学ぶようなものも必要だが、もう少し別の中小企業の経営者としての『基本』を学べるような機会が欲しい」という要請が寄せられているというのであった。私を訪ねてきたりそな総合研究所の門広敏明氏と竹内秀秋氏は「なんとかならないか」と言うのであった。

マスターコースのスタート

最近の東京や大阪では夜間の社会人大学院、MBAコースなどが幅広く用意されているが、序論でも指摘したように、とても日本の中小企業の後継者向きにできていない。この大きな構造変革の時代に、次の時代をリードしなければならない後継者たちが、意欲的に新たな時代に立ち向かっていかなければ、この国の将来は危ない。だが、そうしたことを系統的に学び、意識を高めていく機会はどこにも用意されていないのではないかと思えた。

門広氏、竹内氏と検討していくうちに、ぜひ取り組んでみようということになった。ただし、前例もなく、手探りで進めていかざるをえないことで合意した。取りあえずは少人数の「私塾」のスタイルが

表1―3　戦略経営マスターコースの基本カリキュラム

第1ステップ	問題意識の共有
第1講（4月）	開講（徹底的な自己紹介）
第2講（5月）	講義、ディスカッション
第3講（6月）	国内研修（花巻市）
第2ステップ	国内事情の変化への洞察
第4講（7月）	講義、ディスカッション
第5講（8月）	国内研修（墨田区）
第3ステップ	海外事情の変化への洞察
第6講（9月）	国内研修（宮古市、長井市、柏崎市等）
第7講（10月）	講義、ディスカッション
第4ステップ	時代認識の高揚と自社の戦略経営再構築
第8講（11月）	海外研修（華南等）
冬休み（12月、1月）	「卒業レポート」のイメージ構築
第9講（2月）	「卒業レポート」テーマのディスカッション
第10講（3月）	講義、「卒業レポート」発表

良いのではないかということになった。日本には、大学のゼミナールという良き伝統がある。

　定員は一〇人程度の少人数。マネジメントスクールのように毎回講師が変るのではなく、一人の指導者が全てを請け負う。いわば大学のゼミの先生のように「全人格的に付き合う」ということを基本にする。さらにマネジメントスクールの経験を踏まえ、月一回、土曜日のフルタイム（一〇時から一七時、さらに懇親会が夜半まで続く）とした。また、できるだけ「現場」に立つことを意識し、年間に二～三回の国内合宿を実施、海外合宿も行うことにした。海外合宿は有名な「深圳テクノセンターの運動会」[1]に合われることにした。

　指導する私にしても初めての経験であり、進めながら修正していけばと気楽に考えることにした。内外、特に中国の先端的な「現場」を意識する話題提供で彼らの関心を惹きつけることから始めた。二〇〇一年四月から「戦略経営マスターコース」という名称で開始した。

　マスターコースの基本のカリキュラムは表1―3に掲

表1—4　マスターコースの実績

期	会場	期　　間	参加者	海外研修
第1期	東京	2001年4月～2002年3月	10人（女性1人）	中国華南
第2期	東京	2002年4月～2003年3月	10人（女性2人）	中国華南
第3期	東京	2003年4月～2004年3月	7人	中国華南
第4期	東京	2004年4月～2005年3月	8人	中国華南
第5期	東京	2005年4月～2006年3月	8人	中国大連
第6期	東京	2006年4月～2007年3月	7人	中国華南
		合計	50人	

げている通りだが、この表では困ったことに実態がほとんど伝わらない。とにかく、このマスターコースは「知識の伝達」ではないこと、講義、「現場」研修共に「先端」を実感できること、そして、その中で「自分は、自社はどうするべきか考える」ことを目指している。講義、「現場」研修に加え、毎月「課題図書」を読んでもらう。毎月「レポート」を出してもらい、「一言コメント」をつけて返している。まず、形はほとんど大学の私のゼミナールと変わらない。だが、決定的な違いは、大学の場合は基礎的なところでとどまっているが、このマスターコースは講義といったバーチャルにしろ、「現場」研修といったリアルにしろ、常に「先端」を感じさせることを強く意識している点であろう。

スタートしてすでに六年、各期七～一〇人であったことから、これまで五〇人の若手経営者、後継者の方たちと付き合ってきたことになる。各人との付き合い方に濃淡が出てしまうのは仕方ないと思っているが、全体的に見ると相当濃密な関係を形成できたように思う。塾生の大半は関東地区の方だが、この六年間の間には、北は青森県の五所川原から、南は宮崎、四国の高知からも参集してきた。大阪、名古屋の方も複数おられた。遠方の方からすると、「従来から月に一度ぐらいは東京の風にあたりたかった。と思ってもなかなか具体化できない。これに参加して

写真1—3　マスターコース6期生の花巻研修

いれば、否応なく月に一度は東京に出ることになる」と言うのであった[2]。

これまでのメンバー五〇人のほとんどは先のマネジメントスクールの卒業生だが、中には最初からマスターコースに入ってくる後継者もいた。また、このマスターコース、少人数の良さを活かして卒業生は出入り自由にしてある。不意に訪れるOBに現役生は刺激されていくことになる。私自身、OBが時々でも参加したくなることを目指しているのである。さらに、これまでの六期の中で自主的留年生が三人出た。これらの方は最も参加意識の高い方たちであり、留年生のいることが現役にも大きな影響を与えることになる。

私の仕事は、土曜日の朝一〇時から夕方の一七時まで、「炎」の講義と「ディスカッション」をリードし、夕刻から夜半まで「熱気」の懇親会に参加し続けることである。

「現場」研修と「交流」

写真１―４　大連での炎天下のヒアリング

毎月の「講義」「ディスカッション」「レポート」に加え、「現場」研修を重視している。国内「現場」研修は、本書の中に登場してくる地域と集団をターゲットに視察、交流を軸にしている。墨田区の「フロンティアすみだ塾」、長井市の「亦楽会」、柏崎の「青年工業クラブ」などと交流し、現場視察、ディスカッション、懇親会と重ねていくのである。これら墨田、長井、柏崎等の「塾」も私が指導しているものであり、縦横斜めに交流させ、刺激的な雰囲気を作り上げていくことを意図している。

このマスターコースの最大のイベントは、一一月の海外研修であろう。期間は四泊五日。場所は中国華南を中心に進めてきた。当初は若手経営者、後継者ということで、実はやや余裕のある緩めに実施していた。だが、私も忙しくなり、第四期の時、私の通常の激しい「現場」調査のスタイルの中に彼らを入れるという形をとってみた。全く観光などの無いギチギチの「現場」調査を組んでみた。炎天下の立ったままの一時間のヒアリングも行った。

慣れない彼らはどうかと様子を見ると、「この位の方が刺激的で良かった」との反応を得ることができた。以来、「現場」研修は激しいものに切り換えている。マスターコースに来るほどの若者たちは、「先端」の「現場」を欲しているのであろう。私とすれば、そのような「場」を連続的に提供していくことが課題とされている。このマスターコースを通じ、日本の若い経営者、後継者たちは、実に良質で期待が持てることを痛感させられているのである。

4 「先端」に立ち続けていく

本書に出てくる集団は私が主宰しているものが少なくない。北上市の「一石塾」、宮古市の「次世代経営者育成塾」、柏崎市の「若手モノづくりフロンティア塾」、墨田区の「フロンティアすみだ塾」、高岡市の「たかおか地域活性化研究会」、岡山市の「三つの塾」は私が主宰している。その他の伊予銀行の「ニュー・リーダー・セミナー」、東出雲町の「東出雲ものづくりカレッジ」、京都銀行の「若手経営者育成塾」にも毎年一回は出講し、「ゲキ」を飛ばしている。また、長井の「亦楽会」との関係も深い。

このような全国の主要な「塾」とそのメンバーたちと交流していると、日本の将来は明るいことを痛感させられる。いずれの塾でも、そこに集う若い経営者、後継者たちは感受性に優れ、高い「志」を胸に抱いていることがよくわかる。お互いが全人格的に付き合っていくことに深い関心を寄せているのである。私たち指導する側は、個々の「塾」を刺激的なものにし、さらに、他の「塾」との交流を重ねながら、さらに刺激的な環境を提供し続けていくことが求められているのである。

このように、マネジメントスクールで長い経験を重ねてきたりそな総合研究所は、六年前から、その一つ上のことを考えるためのマスターコースを置いてきた。この二つのコースは求めるものは違うが、相互補完の関係に立ち、後継者たちの「未来」をサポートしようとしているのである。マスターコースで学んだOBが、マネジメントスクールのパネルディスカッションの講師に立ち、マスターコースの意義を伝えてくれることにより、マネジメントスクールから次の受講者がマスターコースに入ってくるという良い循環が形成されている。私たちの取組みはまだ限られたものだが、少し上の世代にいる私たちが、日本の中小企業の後継者の方々が「希望」と「勇気」を抱いて「未来」に向かうための環境づくりに、さらに踏み込んでいかなくてはならないのである。

（1）深圳テクノセンターに関しては、関満博『世界の工場／中国華南と日本企業』新評論、二〇〇二年、佐藤正明『望郷と訣別を』文春文庫、二〇〇三年、石井次郎・松田健『中国・広東省でやる気向上』重化学工業通信社、二〇〇四年、関西大学長谷川伸ゼミナール『中国は今日も観・感・照』新風社、二〇〇六年、を参照されたい。

（2）マスターコースの概要等に関しては、関満博『現場主義の人材育成法』ちくま新書、二〇〇五年、を参照されたい。また、マスターコースに参加した若手経営者、後継者たちについては、関満博『元気の出る経営塾』オーム社、二〇〇六年、に収録している。

第二章　地域の人材育成
――ニュー・リーダー・セミナー（伊予銀行）

上甲久史

「㈱いよぎん地域経済研究センター」（以下、ＩＲＣ）は、愛媛県松山市に本店を構える地方銀行である伊予銀行のシンクタンクとしての役割を担っている。ＩＲＣは、地域社会の各種ニーズに積極的に対応するため情報・調査研究力の充実を図ってきた伊予銀行が、さらなる充実と産・学・官の連携強化や地域社会の発展への広範な寄与を目指して、情報調査部を分離・独立させ、株式会社として一九八八年四月一日に設立された。

そして、早くも翌八九年に「企業の次代を担う若手経営者を対象に、経営に有益で実践的な自己啓発の場、相互の交流・ネットワークの場、を提供する」ことを目的に、ニュー・リーダー・セミナーを立ち上げた。

以下、セミナーの概要、講師陣、受講生などについて見ていくことにより、全国でも稀な異業種交流のネットワークである当セミナーの特徴をご紹介したい。

1　セミナーの概要

セミナーの「目的」は、「企業の次代を担う若手経営者を対象に、経営に有益で実践的な自己啓発の場、相互の交流・ネットワークの場、を提供する」である。一年間のカリキュラムの中での「狙い」については、①これからの企業経営に必要とされる「ヒト・モノ・カネ・情報」などについての最新の考え方を学び実践に生かす、②勝ち組企業の今日を築いた先輩経営者の知恵と実践を学び、経営のあり方・経営に対する着眼点を捉える、③様々な業種・業態のメンバー相互でネットワークの輪を拡げる、の三点をあげている。

参加者については、原則として、二〇歳代後半から五〇歳未満で、現在経営者であるか、将来経営を担う男女を対象としており、伊予銀行との取引の有無に関係なく参加できる。

写真２―１　ニュー・リーダー・セミナーの受付

セミナーの期間は、毎年一〇月開講、翌年九月修了の一年間としており、毎月一回の例会を行っている。ただし、そのうち一回は、任意参加の海外研修旅行（五泊六日程度）を実施している。

ＩＲＣニュー・リーダー・セミナーを受講されたセミナー生の数をみると、第一期は八九年九月から翌八月まで、四三人でスタートし、以降、毎年実施しており、修了生は表2―1のとおり、六九四人（一期～一七期　行員参加者を含む）という膨大な数となっている。

表2—1　セミナー生数の推移

2006.9.15 現在
単位：人、下段は女性数

地域／期	1	2	3	4	5	6	7	8	9	10	11	12	13	14	15	16	17	計
東予	17	21	24	20	21	18	14 1	20	24	16	19	14	12	11	12	8 1	8	279 2
中予	16	15	13	17	17	18	13	20	17	19	15	10	11 1	13	12 2	12 3	12 1	250 7
南予	10	11	8	17	9	10	10 2	8	6	7	6	9	4 1	10	6	5	8	144 3
県外	0	0	0	0		0		0		2	0	0	1 1	0	1		4	8 1
合　　計	43	47	45	54	47	46	40	48	47	44	40	33	31	34	33	29	33	694
男性　計	43	47	45	54	47	46	37	48	47	44	40	33	28	34	31	25	32	681
うち女性	0	0	0	0	0	0	3	0	0	0	0	0	3	0	2	4	1	12
うち行員	0	0	0	2	2	2	2	2	1	1	1	1	1	1	1	1	1	18
平均年齢	36	36	35	34	35	34	35	33	33	36	33	34	34	33	34	34	33	34

2　地方のセミナーとしての特徴

参加者の特徴について、まず、地域別にみると、愛媛県は大きく分けて、県東部の東予、中部の中予、西南部の南予と三つの地域に分類できる。修了生六九四人の地域別構成は、東予二八一人、中予二五七人、南予一四七人、そして県外九人となっている。

業種別では、製造業を中心とする東予、サービス業が多い中予、公共工事主体の建設業が多い南予、といった産業構成、地域特性により、セミナー参加者にもそれぞれの特徴が出ている。なお、参加者の地区別の業種別分布については、表2—1のとおりとなっており、その特徴をおわかりいただけるのではないだろうか。

男性・女性という区分でみてみると、六九四人中、六八一人が男性で、圧倒的に多いが、表2—1のとおり、最近の一五期、一六期、一七期と徐々に女性にも参加いただいている。募集に当たって強調している点の一つが「女性経営者の参加」であり、営業店への勧誘依頼については、必ずこの点をお願いしている。

特徴の最後は、「親子・兄弟・従兄弟」がキーワードとなる。「父親が参加してみて、素晴らしかったので、子供が経営に携わる時期を迎えたところで、このセミナーに参加させる」といった例や、「兄が参加してみて良かったので、弟が参加する」など兄弟あるいは従兄弟同士が相前後して参加するといったことが多い。また、友人同士でこのセミナーを推薦していただく例も沢山みられ、まさに「口コミ」による評判が、これまで一七期連続して開催できた大きな要因と言えるのではないだろうか。

図２—１　参加者の地区別の業種分布

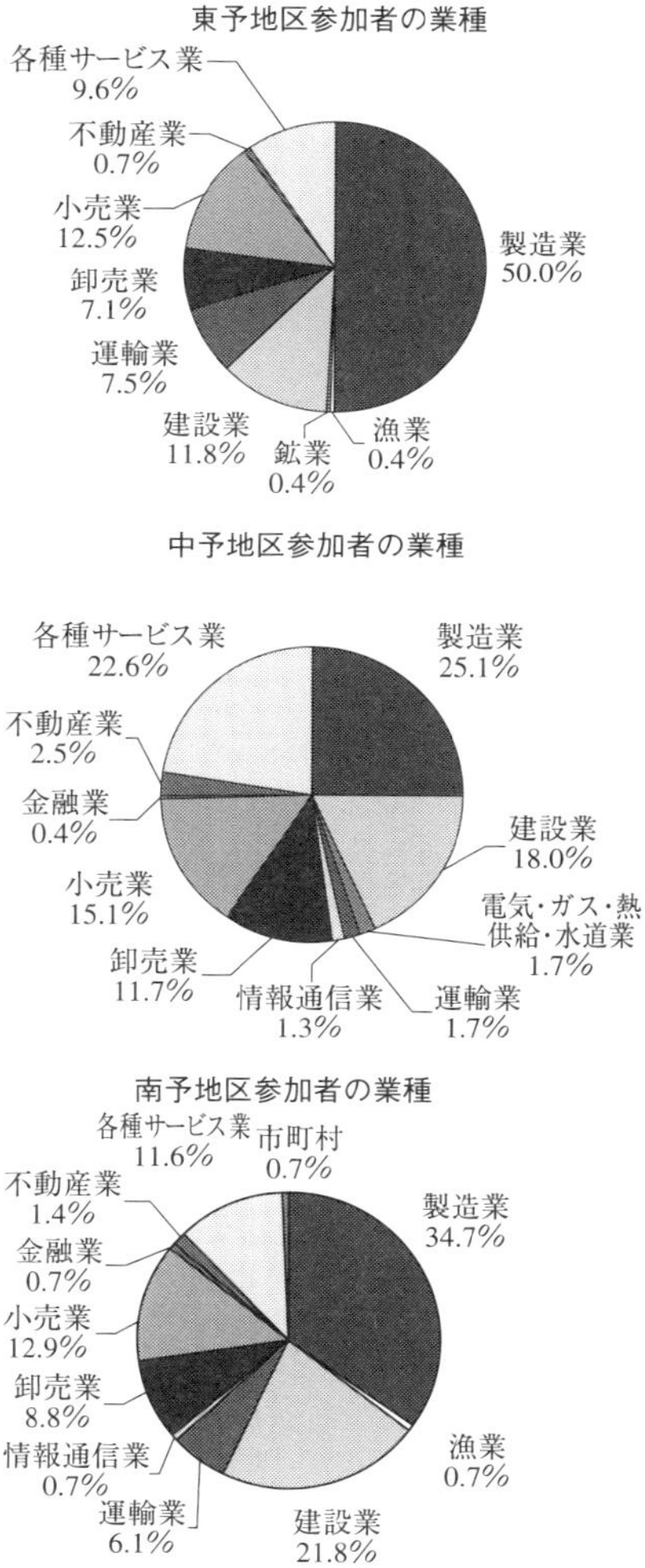

写真２—２　第17期生への講義

写真２—３　修了式記念講演

3　口コミで拡がるセミナーの評価

参加者の評価は、修了式での一言「合宿で始まったこのセミナーを続けられるかどうか不安だったが、毎回毎回、みんなに会えると思って出席していたら、早くも修了となった。今は、本当によかったと思います」の言葉に象徴されるように、ほとんどの方から高い評価を頂いている。また、修了生から「Ｉ

RCのニュー・リーダー・セミナーの何期生です、という挨拶が経営者の間で一つのステータスのように交わされている」という話も聞こえてくる。関係者の意見としては、特に、銀行が実施している「お客様モニター会」でお客様からのご意見を聞かせていただく中で「息子がセミナーに参加した後、非常に頼りがいのある、経営者らしい人物になった」とか「異業種の人と知り合いになれて良かった」など、セミナーに対する客観的評価は高いものになっている。

「なぜ、こんなに長く続けることができるのか」という問いに対する答えの一つに、「しっかりした講師陣がある」のではないかと自負している。

ほぼ毎月一回のペースでセミナー例会を実施するが、各月の講師は大学の教授、エコノミスト、経済評論家、産業能率大学講師、県内外の先輩経営者等、様々な分野からお越し願っている。講師の中には、ラジオの番組のなかで「地域の足腰を強くすることに積極的な、地域経済を担う人を育てる企業」としてＩＲＣを、また、「十年以上に亘って、毎年、若手経済人を対象に、本格的なカリキュラムを持って進めている」と当セミナーを紹介してくださった高名な経済評論家もある。なお、本書の編集代表の関満博一橋大学大学院教授には、強力な講師陣の一人になっていただいている。

4　最先端の講師を提供

ＩＲＣでは、このように魅力ある講師陣にお越しいただくのみならず、カリキュラムにも工夫をこらし、毎回、興味深いものにしようと努力している。ここで、第一七期（一七年目）のカリキュラム（表

表2―2　第17期のカリキュラム

1）　2005年（平成17年）10月
- 開講式
- 産業能率大学　主幹研究員　櫻井 延彦氏
  『勝ち抜くための経営・マネジメントの焦点
  これからの経営者に期待されるミッションと役割』
- メンバーのグループ討議、発表（開講までに事前レポートを提出）

2）　11月
- ㈱杉野　代表取締役社長　杉野 明雄氏　『我社の事業変遷とその事業観』

3）　12月
- 九州大学大学院経済学研究院　教授　塩次 喜代明氏
  『持続的成長の経営』
- メンバーの発表：私と経営（4人）

4）　2006年（平成18年）1月
- 相愛大学学長　高橋 乗宣氏　『今年の経済見通し』
- 通期新年会（修了生および現役生参加）

5）　2月
- 伊予銀行会長　麻生 俊介氏
  『人生の質を高める』
- 拓殖大学学長　渡辺 利夫氏
  『中国現体制の課題―「東アジア共同体」は可能か』

6）　3月
- 日本大学教授、慶應大学・中央大学大学院講師　大岡 哲氏
  『グローバル化時代と日本』

7）　4月
- 株式会社久保組　代表取締役社長　久保 安正氏
- 『目標追求型経営から使命感追求型経営への目覚め』

8）　5月
- 一橋大学大学院商学研究科　教授　関 満博氏
  『中国自動車タウンの形成と民営中小企業の動向』

9）　6月
- 慶應義塾大学商学部　教授　清家 篤氏
  『エイジフリー社会にむけて』

10）7月
- 産業能率大学　主幹研究員　櫻井 延彦氏
  『企業の成長・発展と組織戦略の重要性』〈前年10月のフォローアップ研修〉
- メンバーの発表：『私と経営』（4名）

11）8月
- 海外研修旅行（ベトナム方面）5泊6日

12）9月
- 講話　㈱ホンダカーズ中央神奈川　→　日本経営品質賞受賞企業
  代表取締役会長　相澤 賢二氏
  『お客様が感動し満足いただける店づくり人づくり』
- 修了式、懇親会

表2—3　NLS海外研修旅行概要

回数	日　程	主な訪問地
1	1992（H4）年 2月 （6泊7日）	中国・香港・タイ （深圳、香港、バンコク）
2	1993（H5）年 2月 （7泊8日）	中国・香港・台湾 （上海、広州、深圳、香港、台北）
3	1994（H6）年 2月 （7泊8日）	ベトナム・香港・中国 （ホーチミン、香港、深圳、広州）
4	1995（H7）年 2月 （8泊9日）	ベトナム・中国 （ホーチミン、蛇口、上海、無錫）
5	1996（H8）年 2月 （9泊10日）	中国・香港・ベトナム・シンガポール （上海、蘇州、香港、ホーチミン、シンガポール）
6	1997（H9）年 2月 （9泊10日）	ベトナム・タイ・シンガポール・香港 （ホーチミン、バンコク、シンガポール、香港）
7	1998（H10）年 2月 （8泊9日）	ベトナム・インドネシア （ホーチミン、クアラルンプール、ジャカルタ）
8	1999（H11）年 2月 （8泊9日）	ベトナム・中国・香港 （ホーチミン、広州、深圳、香港）
9	2000（H12）年 6月 （4泊5日）	中国・香港 （上海、深圳、香港）
10	2001（H13）年 7月 （4泊5日）	中国・香港 （上海、深圳、香港）
11	2002（H14）年 5月 （4泊5日）	韓国・中国 （ソウル、上海）
12	2004（H16）年 8月 （3泊4日） 松山−上海便利用	中国 （上海、蘇州）
13	2005（H17）年 8月 （5泊6日）	ベトナム （ホーチミン・ハノイ）
14	2006（H18）年 8月 （5泊6日）	ベトナム （ホーチミン・ハノイ）

写真２―４　海外研修旅行／ベトナム

２―２）から内容をご紹介したい。

初回（一〇月）は、銀行の研修所を利用して開講の式典を行った後、合宿研修・グループ討議を行い、熱の入った議論をする過程で親交を深めていただく。この初回の例会に出席することが、全てのカリキュラムに出席することになる「キーポイント」になる。なぜなら、ハードな合宿研修・グループ討議でセミナー受講の厳しさを実感し、また、参加者相互の親交が深まることが、それから後のカリキュラムへの参加意欲に大きく影響を及ぼすからである。

その他、一流講師陣による講話に加え、必ず、質疑応答の時間を取っているので、問題解決のヒントを得ることができることに加えて、先輩経営者との「経験談」を踏まえた交流会、参加者の経営に関する発表と討議、海外研修旅行など、豊富な内容となっており、毎回、好評のうちに九月の修了式を迎えている。

カリキュラムの中の「海外研修旅行」については、セミナー費用とは別の費用となっていることや、一週間近く会社を離れることが困難な方もいることなどを考慮して、任意参加としている。当初は、国内の研修旅行を実施していたが、アジアが注目されてきた九一年度には三期生の研修旅行として香港・中国・タイを九二年二月に訪問した。これまでに実施された海外研修旅行は表2―3のとおりとなっている。

5 修了生の会の活発化

セミナー修了生は、各期でそれぞれに名前を付けてOBの会「同期会」を立ち上げている。これまでに、全一七期の修了生を送り出しており、同期の会はほぼ同数ある。各同期会の名前は、表2―4のとおりである。

また、一期から一七期までの全修了生（六九四人）の中から希望者を募り、「IRCネットワーク21」というネーミングの、全修了生を対象とするOB会がある。このネットワーク21は、会員の中から一年の任期で役員（会長一人、副会長一人、幹事二人）を決め、一年間の行事（研修会、講演会、視察旅行、工場見学など）を実施している。IRCは、事務局として、出欠確認・会場確保・講師依頼などのお手伝いをしている。各行事では、まさしく異業種交流の場として会員の皆さんが活発に意見交換をされている。

修了生向けのユニークなセミナーがある。ニュー・リーダー・セミナー修了生のマスターコースとし

表２—４　同期会名称

同期会名称	期
IRC NET 21	1～2 期
IRC 三喜会	3 期
IRC Tetra Club	4 期
IRC いつきの会	5 期
IRC 無限	6 期
IRC NaNa Club	7 期
IRC 八起会	8 期
IRC ナインクラブ	9 期
IRC 朱鷺の会	10 期
IRC 志士の会	11 期
IRC ミレニアム	12 期
IRC アントレプレナーズ	13 期
IRC いよの会	14 期
IRC 一五一栄の会	15 期
IRC 瀬戸の会	16 期

て、「時代の要請にマッチした新しいセミナー」という謳い文句で二〇〇一年三月に第一期の同セミナーを開催した「トップ・マネジメント・セミナー」である。このセミナーは、一流の講師陣を迎えて、ケース・スタディやディスカッションを交えながら、より高度な「研鑽・交流・意見交換」の場を提供するもので、人員を二〇人程度に絞って募集・開催した。

当社の経営母体は伊予銀行であるが、その伊予銀行は、地方銀行の原点である「地域が発展しなければ当行の発展はない」を基本とし、「地域とお客様を第一に考える経営」に徹することを基本姿勢としている。当社もこれに従い、今後も地域のシンクタンクとして、経済・金融環境の変化とお客様のニーズの多様化に、スピーディに、的確に対応していきたいと考えている。

「そのためにＩＲＣが自らをどう変革していけるか」が、今まさに問われている。

ＩＲＣは、「地域に密着した暮らしや経済・産業の情報、信頼される経営ノウハウの提供」に注力してきたが、時代が急速かつ大きく変化する今こそ、その役割はますます大きくなっている。特に、地域のお客様の「経営情報・人的ネットワークを得たい」というご要望にお応えするためには、「ＩＲＣ

ニュー・リーダー・セミナー」を継続して開催するとともに、内容の充実を図り、さらには「ＩＲＣネットワーク21」の参加者の拡大や「トップ・マネジメント・セミナー」の開催がますます必要になってくるものと確信しており、当社としてもその使命を果たしていくことを、肝に銘じているところである。

第三章　西日本屈指の歴史と規模を誇る
――九州生産性大学経営講座（九州生産性本部）

案浦泰裕

突然ですが、皆さんは「生産性」という言葉をどのくらいご存知ですか。「作業効率をあげ、単位時間当りの生産量を増やすことだよね、もちろん知っているよ」と誰しも口にすると思います。私も学生の頃は、この技術的な「生産性」という言葉だけの理解しかしていませんでした。かつて、生産性本部設立の創成期においてさえ、「『生産性』ってなに?」と人に聞けば、「『性』と『産制（産児制限）』の研究会かと間違えられた」という笑い話もよく聞くところです。

戦後の経済復興期に「国民の生活水準の向上」を目的に展開された「生産性運動」は、経済の高度成長の達成と国民生活の驚異的向上に大きく貢献しました。そして「生産性運動」は、人類の進歩や歴史の変化と共にその性格や内容を変化させつつ、現在でもなお今日的課題として脈々と息づいています。それほど生産性は古く、かつ常に新しい現代的な課題といえます。

そこで今回は、「生産性本部」のいわば経営理念ともいえる「生産性運動」について、まずご紹介したいと思います。そこから本題の、人材育成機関「九州生産性大学経営講座」について説明し、最後に人材育成の重要性と今後について、若干触れたいと考えています。

1　生産性運動と生産性本部設立の経緯

生産性運動は、第二次大戦後の米国を中心とする経済復興計画を機に、まず西ヨーロッパで始まりました。一九四八（昭和二三）年マーシャルプランの一環として設置された英国生産性協議会の活動を契機に、相次いで各国に生産性機関が発足、さらに、その連合体としてヨーロッパ生産性本部が活動を開始しました。

この流れを受け、日本でも、五四（昭和二九）年九月二四日、「日本生産性本部設置に関する政府決定」が閣議了承されました。その設立趣意書の要旨は次の通りです。「わが国産業の生産性が欧米諸国のそれに比べてきわめて低いことは周知の事実であり、その生産性の低さが国民所得を低いままにとどまらせている。設備の近代化策を推し進めることはいうまでもないが、並行して、生産技術、原料、燃料、労働、経営技術、流通組織のすべてを含めた総合生産性の向上をはかることが、コストの低減、品質の向上を可能にし、輸出を振興させ、ひいては国民所得を増大させる起死回生の策といえよう」。

そして、「生産性の向上は、生産を担当する経営者・労働者はもとより、広く全国民が深い理解をもって、協力することなくしては、到底十分な効果を期待することができない。そこで、経営者・労働者及び学識経験者を一体とする財団法人日本生産性本部（現、財団法人社会経済生産性本部）を設立し、これをわが国における公正な生産性向上運動の中核体とし、日本経済の発展の礎として念願する」として、五五年三月一日、財団法人日本生産性本部が設立、同じくして「生産性三原則」が誕生しました。

こうして、日本生産性本部が発足し、国民運動としての本格的活動がスタートしました。翌五六年には、九州の労・使・学の三者が一堂に会し、九州の地域経済の生産性向上を目的として、生産性九州地方本部（現、財団法人九州生産性本部）が発足、現在に至っています。ちなみに、九州生産性本部は昨年設立五〇年を迎えました。

2　今日の生産性運動

一九五五年までの「生産性」は、投入と産出の比率を示す「効率性」と同義語とされ、静的で技術的な色彩が強いものでした。しかし、五五年、日本生産性本部の発足当初より、私たちは生産性運動（「雇用の維持拡大」「労使の協力・協議」「成果の公正配分」のいわゆる生産性三原則）を基本理念として、九州地域の生産性向上に役立つ各種公開講座や会合を実施し、経営の科学的管理手法や生産性向上技術の普及促進を行い、福祉の充実や人間性の確立といった諸課題にも取り組んできました。

昨今、世界経済がグローバル化し、産業構造はもとより、働く人びとの働き方や価値観も高度化・複雑化し、人口が減少する中で、生産性運動も新たな視点に立った展開が求められています。今後も「生産性運動」は、真にゆとりある社会、調和と最適性を重視した社会の実現に向け、従来にも増して解決すべき課題に積極的に挑戦していく必要があります。つまり、これからが本格的な「生産性の時代」と私たちは考えています。

●生産性の三原則

雇用の維持拡大　生産性向上は、究極において雇用を増大するものであるが、過渡的な過剰人員に対しては、国民経済的観点に立って能う限り配置転換その他により、失業を防止するよう官民協力して適切な措置を講ずるものとする。

労使の協力・協議　生産性向上のための具体的な方法については、各企業の実情に即し、労使が協力してこれを研究し、協議するものとする。

成果の公正配分　生産性向上の諸成果は、経営者・労働者・および消費者に、国民経済の実情に応じて公正に配分されるものとする。

3　西日本における経営力開発の殿堂「九州生産性大学経営講座」

戦後の生産性運動が、産業界の生産性向上を促進させ、国民所得水準向上への一翼を担ったことは、先程述べた通りです。企業の経営基本資源「ヒト・モノ・カネ」を有機的に組み合わせ、生産性を向上させ、利益を生み出すためには、ヒトの質的生産性の向上という面から、長期的視点に立った人材育成が必要不可欠です。

九州生産性本部では、設立直後より「企業は人なり」をモットーに、生産性向上に役立つ公開講座や各種会合を開催し、企業の経営革新と人材育成（人づくり）を支援してきました。中でも特筆すべきは、当本部でのメイン事業、九州生産性大学です。

この「九州生産性大学経営講座」は、九州生産性本部設立の翌年（一九五七年）に、九州産業界の代表的な経営者で編成された「第一次九州トップ・マネジメント視察団」が米国の進んだ経営教育と人材開発の理念を学びとり、帰国後、九州産業界に長期的人材育成の必要性が提唱され、九州地域の風土にあった総合的人材育成機関として、一九五九年創設され、二〇〇六年で四八年目を迎えました。全国にある他の生産性本部にも類を見ない、最高の規模と歴史を誇る、長期的な人材開発機関として、長年、地元企業及び労働組合にご活用頂いています。

図３―１　九州生産性本部の事業

4　九州生産性大学の特色

西日本有数の実績

第一期（一九五九年）～第四七期（二〇〇五年）まで、修了者数は一八八一組織より延べ二万〇八八〇人を輩出。創設以来四七年間、我が国最大級の規模、最高水準の本格的人材育成機関として、企業はもとより、地方公共団体、病院、学校、労働組合のあらゆる方々が本講座を修了、各方面でご活躍中です（第四八期生：参加者四六九人）。

写真3—1　開講式の模様，3—2　「運営委員会」全体会議，3—3　提案営業マネージャー養成コース、8月／合宿講座風景，3—4　主任・係長養成コース、9月／通学講座風景

第一線で活躍の講師陣と体系的カリキュラム

様々な分野でご活躍中の経営者、コンサルタント、実務家の方々を講師としてお招きし、カリキュラムは、基本的理論の整理や課題の追求、今後の動向等コースに応じて体系的に編成されており、企業環境に即した実務能力の強化にお役立て頂いています。

地元産業界の実務専門家による全面的な協力

本講座は、地元産業界の要望及び参加者の率直な評価が十二分に反映されるよう、九州産業界の実務専門家の全面的な協力・支援の下で「九州生産性大学運営委員会」が組織され、カリキュラム企画案の審議・助言から効果的な講座運営、修了レポートの審査・表彰に至るまで一貫してご支援とご協力を頂いています。

表3―1　九州生産性大学のコース一覧

区分	コース名	日数	参加対象	コースの特徴
1	トップ懇談会	10日	経営トップ、役員クラスの方 労働組合役員の方	月例会方式の講演会
2	経営戦略コース	16日	経営幹部、中小企業の後継者 工場長、営業所長の方	合宿研修（1回）、経験交流会
3	管理能力開発コース	18日	管理者の方 管理能力を高めたい方	合宿研修（2回）、ゲスト卓話、経験交流会
4	主任・係長育成コース	18日	主任・係長の方 主任係長に準ずる方	合宿研修（2回）、ゲスト卓話、経験交流会
5	人事・労務コース	18日	人事労務管理に携わっている方 労働組合幹部の方	合宿研修（2回）、事例研究、経験交流会
6	財務管理コース	18日	財務・経理担当の方 財務管理を習得したい方	合宿研修（2回）、事例研究、経験交流会
7	生産革新コース	19日	製造・生産部門の管理者の方 生産スタッフ部門の方	合宿研修（2回）、事例研究、工場見学、企業実習、経験交流会
8	マーケティング戦略コース	18日	マーケティング部門担当の方 営業販売部門の管理担当の方	合宿研修（2回）、特別講演、経験交流会
9	経営法務コース	11日	総務・法務・企画部門担当の方 企業法務の知識を深めたい方	事例研究、経験交流会
10	提案営業マネージャー養成コース	18日	営業管理者、新任営業担当の方 営業所長、営業部課長の方	合宿研修（2回）、実商談をベースとした演習、経験交流会

コース別研修による実務能力の習得

全一〇コース合同による四月開講課程のあと各コース別研修に入り、一二月修了課程までの九カ月（五月〜一一月）間にわたる長期研修を行います。コースに応じてグループ研究、事例研究、演習、ケース・スタディ、工場見学、現場実習を有機的に組み合わせ、体系的な実務能力の習得にお役立て頂いています。

実務に直結した研修内容と異業種交流による人脈づくりの醸成

研修では、随所に経験交流会及び合宿研修を実施し、参加者・講師との知識・経験・意見交換を密に行っています。コミュニケーションを通して、企業や役職、地域の垣根を越えた「人に出会い、人に学ぶ」生涯にわたる人脈づくりにお役立て頂いています。これは、社内研修では決して経験することのできない大変貴重なものです。

修了レポートの提出・修了証書の授与

参加者には、受講前の問題意識を今後に反映させ、また研修内容を整理・把握し、自己の職務への応用能力を涵養していただくため、自己研鑽として修了レポート提出が義務づけられています。出席率七〇％以上でレポートを提出された方には「九州生産性大学経営講座修了証書」を授与。また、各コース一編選出されるコース別のレポート優秀者については、一二月「九州生産性大学」修了式において表彰いたしております。

5　人材育成の重要性と今後

ここまで、日本の国民所得水準の向上に「生産性運動」がどのような役割を果たしたのか。そして、生産性の向上には、長期的な人材育成が企業にとっていかに重要であるかを「九州生産性大学経営講座」を例にご紹介しました。やや繰り返しになりますが、物的資源のないわが国では、長期視点に立った人材育成が知的生産性を向上させ、ひいては企業の「競争力強化と強靭な体質の創造」に資することに説明の要はないと思います。現在、日本経済は回復基調にあるといわれていますが、今後ますます進むグローバル化、人口減少、価値観の多様化への対応など、取り巻く諸課題は山積しています。これからも私共は、「九州生産性大学経営講座」を通して、九州地域における人的資本の質の向上に貢献をしていきたいと考えています。

［付記］「生産性の概念」

生産性は行動の出発点であり
何よりも一つの精神の態度である
それは進歩の精神であり
現にあるもののたえざる改良の精神である
それは昨日より今日をよくし
今日より明日をよくすることができるという確信である
現在の状態に満足しないという意欲である
それは新技術および新方法を応用するための
たえざる努力である
そしてそれは
人類の進歩に対する永遠の信仰である

第四章　自主的留年生の出る「若手経営者育成塾」
――その具体的な取組みと課題（京都銀行）

林　隆憲

京都銀行では、銀行の経営および営業店の業績推進に役立つ調査研究、情報提供等の活動を目的として、関連会社に「株式会社京都総合経済研究所」を設立している。その社内組織の一つに「経営相談センター」がある。同センターは、京都銀行の取引先に対して、経営に関する情報を中心に各種情報を提供し、専門家による法律、税務、人事労務、その他企業経営全般にわたる相談業務（無料相談）を行っている。さらに、中小企業の経営を幅広くサポートするため、京都銀行取引先を対象にした会員組織として「京銀プレジデントアソシエーション」（以下略称「ＫＰＡ」）を運営している。

ＫＰＡ会員の中小企業には、後継者育成に腐心している経営者が少なくない。この悩みに応えて、一九九六年から「若手経営者塾」を立ち上げた。ＫＰＡ会員企業の後継経営者、幹部候補生を対象に毎年塾生を募集し、年間五～六回シリーズのセミナーを開いている。塾生の中には、一年だけのセミナーでは足りない、もっと勉強したいという意欲に燃え、（「卒業」の制度はないが）卒業しないで、「自主的留年生」となり、次年度も引き続いて受講する若手経営者（幹部候補生）が、毎年二〇～三〇人ほどいる。

この若手経営者塾の人気の秘密はどこにあるのか、以下その取組みを紹介したい。

1　若手経営者塾の開講目的

中小企業の経営者は、創業者は別にして、二代目、三代目となると、初めから企業経営を志して経営者になった者は少ない。創業者が元気なうちに、その息子や娘が後継者としての教育を受け、あるいは、本人もその気になって勉強したというより、ある日突然の創業者の死亡でトップの座が回ってきた者や、社長の子であるが故に「自然に」経営者となった方が少なくない。

また、現在の社長がその息子または娘を専務取締役、常務取締役など役員として、いずれバトンタッチしたいと考えているが、社長の目から見ると、今のままでは頼りなくて、とても社長の座を譲ることはできない、もっと勉強してほしい、経営マインドを身につけてほしい、などと頭を痛めている中小企業の例も多い。ただし、社長自らが後継者に一々教育をしている時間もない。また現社長自身、先代からキチンとした教育も受けずに、見よう見まねでやってきたので、教育の仕方がわからない。このように、様々な事情はあるが、中小企業の後継者育成の悩みは尽きない。

このような悩みを少しでも軽減して、後継者へスムーズな経営のバトンタッチができるように支援する目的で開いたのが、この若手経営者塾である。

2　塾生募集の現状

塾生は毎年度新たに募集する。ただし再受講は妨げない。毎年度カリキュラムに工夫を凝らし、少しずつ変化させているとはいえ、大筋では同じ内容なのに、毎年度二〇～三〇人が「自主的留年生」として次年度も引き続き受講している。中には、一九九六年度の塾創設以来、毎年度受講している長期留年生も六人ほどいる。

二〇〇六年度の塾生「募集案内」

ここで、まず、ごく最近の二〇〇六年度の塾生「募集案内」を見てみよう。

「変化の激しい経営環境下、次代を担う経営トップには、内外の環境変化を冷静に分析し、自社の明確なビジョンと戦略の立案、そしてそれを実践推進する能力が強く求められています。こうした経営者としての能力は一朝一夕に身につくものではなく、経営者や後継者自身がさらなる自己研鑽をし、経営に関する理論と幅広い基礎知識の修得、的確な情報収集力・分析力の養成を図る必要があるといえます。

この若手経営者塾は、年間六回の講義の中に、特にこれからの時代の経営者に必要な課題を分野毎に集約し、さまざまな事例の中から実践型の生きた知識を修得いただけるように構成しています。若手の後継経営者、経営幹部の皆様の積極的なご参加をお待ちしております」。

若手経営者塾の特徴

① 若手経営者・経営幹部に必須の戦略立案、経営全般に関する基礎的な知識・ノウハウ、および経営者に求められる資質やリーダーシップを養成します。

② 各回とも事例を交えてわかり易く解説するとともに、演習の時間を設けて自社に置き換えて実践的に進めてまいります。
③ グループディスカッション等を通して、受講者の相互交流と情報交換の場を提供いたします。
④ 従来から若手経営者塾を受講いただいている方、今回初めてお申し込みいただく方のいずれにも受講いただけるカリキュラムとなっています。

対象者　若手の経営者、後継者、経営幹部候補
開催日時　二〇〇六年七月一四日～二〇〇七年三月二日（六回シリーズ）
定員　六〇人（申込書の先着順）
受講料　二〇、〇〇〇円（六回シリーズ合計、消費税込み）
（注）各テーマごとのお申し込みはできません。
会場　京都銀行協会六階ホール　京都市中京区木屋町通二条下る
電話（〇七五）二二一―二一三四

各回のテーマと主なねらい

第一回　経営革新「これからの若手リーダーの役割」　経営環境の変化が激しい昨今、企業を存続・発展させるために、若手経営幹部はどのような意識をもって経営革新を進めるべきか。経営の中核となるべきリーダーの役割から、経営者として成功する要件について学びます。

第二回　社会教養「経営者のためのことば・マナー塾」　社員や取引先に会社の方針や経営者の考えを正確に伝え、納得してもらうためには、「ことば力」や「プレゼンテーション力」の向上、スピーチ構成・展開の仕方を身につけることが大切です。また、さまざまな人と接する機会の多い経営者として、相手に好印象を与えるマナーについても学びます。

第三回　財務・税務「知っておきたい新会社法・税制改正のツボと税務調査の心得」　二〇〇六年度の税制改正、新会社法のポイントと、税務調査からみた企業算定基準や経営者の準備と心得について学びます。

第四回　営業推進「ライバルに勝つための営業システム・ノウハウの確立」　ライバルとの競争に勝つためには、押し売り型営業から提案型営業への転換が不可欠です。「自社の強みの分析と訴求方法」「顧客ニーズの引き出しスキル」「効率的営業システムの全社的取り組み」など、営業力強化、売上アップにつながるノウハウを学びます。

第五回　人材育成「社員のモチベーションを高める実践的育成法」　社員（部下）のモチベーション、スキル等を向上させる手法と信頼関係を高めるポイントについて、演習を通して学びます。

第六回　総括「経営者のための人間学」　「企業は経営者の器以上に大きくならない」とよく言われます。とすれば経営者はどのようにして己を磨き、研鑽を続けて行けばよいのでしょうか。日本的経営・中小企業経営者のあるべき姿について考えます。

受講者は自然に集まる

このシリーズの講師陣には、地元京都のコンサルティング会社の専門家をはじめ、いずれも経験、実績ともに十分な実務家を揃えている。

募集の対象企業は、京都銀行の取引先中小企業でかつＫＰＡ会員に限っており、いわゆるオープン・セミナーではない。受講料を極めて安価に設定しているのは、将来の経営者を育成するお手伝いを通じて、京都銀行取引先企業の発展に寄与するためである。ＫＰＡ会員以外からの受講希望もあるが、その場合にはＫＰＡ会員特典を説明し、ＫＰＡへの入会のインセンティブとしている。

定員六〇人の募集については、特に勧誘しなくても自然に定員に達する。例年定員を超える応募があり、七〇～八〇人の登録になっている。ちなみに各回の出席率は比較的高く、登録者の七五～八〇％である。

特筆すべきこととして、自主的留年生たちが「仲良しグループ」となって、応募の際にその勧誘を買って出ていることである。「このセミナーは、おおいに勉強になるから、今年も是非受けたい。〇〇君はもう申し込んできたか」などと問い合わせをしてくる。そして申し込みが遅くなっている友人には、早く申し込むよう督促してくれる状態である。このように自然に異業種交流と留年生の仲良しグループの輪が広がっている。

こうして二〇〇六年度若手経営者塾の塾生を募集したところ、例年通り順調な応募があり、八一人の申し込みとなった。七月一四日（金）を第一回として開講した。その塾生は、表４―１

表４―１　応募者の特性

区分		応募者総数	うち男性	うち女性
応募者内訳		81人	71人	10人
	うち留年生	25人*	20人	5人
	うち新規塾生	56人	51人	5人

年齢構成		業種構成	
20歳代	11%	卸小売業	37%
30歳代	39%	製造加工業	33%
40歳代	35%	その他のサービス業	19%
50歳代	15%	不動産•建築土木業	11%

＊　5回以上　7人，3～4回　9人

のような構成となっている。

3 受講導入セミナー

「若手経営者塾」の開講に先立ち、中小企業の経営トップを対象にした導入セミナーを開催することにより、若手（後継者）が参加しやすい環境を作っている。ここでは、その「若手経営者塾受講導入セミナー」を紹介する。題して、「企業発展のための後継者育成と社長交代への八つの秘訣」である。

このセミナーは、まず社長が後継者育成の意識を強く持って具体的に行動を起こす、その場合に社長と後継者双方が、共通の土俵で研鑽する重要性を認識することを狙いとしている。そして後継者には、続いて案内する若手経営者塾に参加することを勧奨している。

二〇〇六年度は、若手経営者塾の開講二カ月前の五月一一日午後二時〜五時の三時間セミナーとして開催した。講師は、若手経営者塾主任講師の経営コンサルタント田須美弘氏で、長年のコンサルタント経験を踏まえた実例をあげての説得力ある講演であった。

以下このセミナーのレジュメに従って、導入セミナーの概要を述べる。

企業の存続・発展と社長バトンタッチ問題について

企業はどのようにして成長・発展し、停滞・衰退し、倒産・消滅するのか。

経営者にとって後継者を選び、育て、交代することは、最初で最後の経験である。

バトンタッチの失敗は企業の命取りにつながる。ただし、失敗のケースは、千差万別である。

①　バトンタッチのタイミングが早すぎる。
②　バトンタッチのタイミングが遅すぎる。
③　バトンを渡す相手を間違えている。
④　バトンを受ける相手がいない、もしくはその気がない。
⑤　バトンを渡さない。

社長交代に関わる八つのポイント

次の八つのポイントを分析して、適任者を選定しよう。

①　経営環境への対応。
②　資金繰りと財務。
③　判断力と決断力。
④　現社長との関係。
⑤　古参社員と部下育成。
⑥　学習と訓練。
⑦　使命に気づく。
⑧　適性の判定。

以下項目別に、重要な事項を解説する。

経営環境への対応――戦略面でのバトンタッチ

①　事業展開のセオリーを間違えないこと。
「現在の商品」を「新しい顧客」に提供する場合。
「新しい商品」を「現在の顧客」に提供する場合。
「新しい商品」を「新しい顧客」に提供する場合。

②　「成功要因」を押さえた経営をさせること。
どんな事業にも成功要因がある。ただし、早期に結果を求めると失敗する。
③　創業時の商品やノウハウは何とかして残すこと。
成功の「原因となる事柄」を徹底する。
創業時の商品には、企業が存続するＤＮＡが入っているからである。
④　これからはあらゆる業種に「企画開発力」が必要である。
後継者としての適性判定――人格力を発見する方法、どのような人物を後継経営者にするか

①　まず、親族がベストだが、こだわらないように、が鉄則である。
兄弟で経営させるとどうか。兄弟経営で成功する確率は二〇％程度である。どうしても必要なら、上下関係をハッキリさせ、お互いに補完できる業務に就くことが望ましい。

（例）営業と生産、人事と財務。

② 現在の実務能力で判定しないこと。
誰でも「社長」になれるが、「経営者」は違う。

優秀な経営者ほど、自分に対して厳しい姿勢を持ち続けている。

三年に一度は自分の能力を総点検し、「脱皮」を続ける「素直な心」が重要である。
③ 人格はどのあたりにあるか、人格を磨く姿勢があるか。
能力よりも大切なことは「人格」、自分のために生きるのか、他人のために生きるのか。
④ 現場主義を貫く。
「頭でっかち」ではうまくいかない。現場を知らない者の報告で経営判断を下してはならない。
⑤ 自分と同じタイプにこだわらないこと。
リーダーシップ型か、マネジメント型か。

後継者をどのように教育するか――経営者としての学習と訓練方法

経営学は学べるが、頭で「経営の本質」そのものは学べない。

だからこそまず「経営学」を体系的に学んでおくこと。本質を知るのは実践してからとなる。

後継経営者が陥りやすいスタイルとしては、次のようなものがある。
① ファザコン型…………可能性はあるのだが、現社長の大きな傘の中から抜け出せない。
② 心ここにあらず型……力はあるが、命がけで会社を背負う気持ちになっていない。
③ 迷える子羊型…………何を、どのようにすればよいのか、まったく分からない。

④　対立型……………現社長と意見が対立し、力が発揮できない。
⑤　あぐら型…………いずれ社長になれると勝手に決め付けて、己を磨く姿勢がない。
後継経営者の八割は、①～⑤のどれかのスタイルに属している。このような後継者を変えていくためには、次のような対策を講じる必要がある。
①　経営の訓練ができる環境をつくること。
②　経営者の敵は「奢《おご》り」なり、と心得よ。「徳育」のすすむ環境をつくる。
息子を特別扱いしない。

若いうちに「外の飯」を経験させること。高給扱いや地位、肩書きは不要と心得るべし。
③　顧客に育てられることに気づかせる。
創業経営者を育てたのは誰か。顧客が会社を鍛え、経営者を鍛えていく。

判断力・決断力を訓練する——本質的なリーダーシップ強化方法

経営者の仕事は、「意思決定」「動機づけ」の二つに集約される。意思決定のうち「判断」と「決断」は違う。

「決断」を下さなければならない時にはどうするか。
①　よくわからない時は「勉強不足、情報不足、現場知らず」を認識する。
②　迷った時は「やめる」。
③　どうしても進まなければならない時は「難しい方を選ぶ」。

人心掌握力を高める——古参社員との関係づくり

「こころ」は、心でしか交換できない。だから、「人心掌握」のためには自分のこころの中をカラッポにする。そうすると相手の心が入ってくる。たいていの場合、実務能力では古参社員に勝てない。ところが、意識面では上回ることができる。

① 新幹線型運営を目指す。
新幹線=各車両にエンジンを搭載している（一人ひとりにエンジンを搭載する）。

② 「徒手空拳」の姿勢で古参社員と接する。
古参の社員を取りまとめるために、「人事制度改革」という手段を用いてはならない。「徒手空拳」の姿勢が、古参社員の心を開かせる。

③ 採用の面接と決定はもっとも重要な後継者の仕事である。

資金繰りと財務に強くなる——数字に強くなる方法

① 資金繰りに強くなる。

② 業績が悪いときこそ社長交代の絶好のタイミングである。
後継者に「楽」をさせてはならない。経営とは訓練である。
そのような環境で代わりたくなければ、現社長を続けること。

③ 相続税を甘く見てはいけない。

株式、不動産、金融資産など、相続税対策は「親の側」から始めるのが鉄則である。

オレ流のバトンタッチ方法――現社長との関係を再構築する

バトンタッチの「時期」をどのように設定するか。年齢基準、周年記念時、目標達成時、後継者次第、命続く限り、など様々なタイプがあるが、どれがベストか。

① 権限委譲のタイミングはいつか。何について権限委譲するか。
一挙に渡すか、部分的に渡していくか、をまず検討する。
現社長が得意な分野（たとえば営業）から任せて成功した例がない。
権限を与えて、間違った判断はしないだろうか、と懸念する現社長が多い。
判断をさせない限り育たない、と心得るべし。

② 後継経営者・幹部社員の失敗にどこまで眼をつぶれるか。
なぜ権限委譲が進まないのか、を考える。
甘く見える、頼りなく見える、本気になっていないように見える。
ところが、よく反省してみると、そのように育てたのは己（社長自身）であった。
失敗をさせない限り育たない。

③ 権限委譲がうまくいかない根本原因は「トップの公私混同」が多い。
今の社長が「このあとはどうなってもいい」という太っ腹の心境になっているか
「啐啄《そったく》の機」の心得＝啐は鶏の卵がかえる時、殻の中で雛がつつく音、啄は母鶏が殻をかみ破ること。逃したらまたと得がたい、良い時機のこと。
「人事を尽くして天命を待つ！」という心境が大切である。

④　今の社長が引退後に新たに取り組む目標が見えているか。
これからやるべきことが見えなかったら、中途半端に譲らない方がよい。

⑤　代表権はどうするか。
原則として、社長交代時に代表権もはずす。
ただし、対金融機関（物的担保提供、保証人等）や退職金問題を考慮して行うこと。

⑥　後継者が取り組まねばならない経営課題は何か。
戦略の転換、人材育成、人事制度改革、財務基盤の強化など、後継経営者がこれらの課題を実行する力はあるか。もしそれが難しいと考えられる場合は、「ワンポイント・リリーフ」または「外部からの経営サポート」も視野に入れる。

⑦　フォローはどうするか。
原則として放っておく。相談に乗るが口出しはしない。
道案内はしても、実際に歩いていくのは後継者本人である。

本物の経営者を目指すこと——使命感溢れる経営者になるために

①　「経営のバトン」の本質は何か。
人脈の継承、財産の継承、相続税対策などいろいろあるが、これらは経営バトンの本質ではな

い。「子孫に美田を残さず！」の精神が大切である。

② 創業精神とは何か。

創業精神とは「創業者は何のために事業を起こしたのか」である。ほとんどの創業経営者は、何の雑念もなく、「がむしゃら」であった。「ただひたすら○○を考えてやってきただけ」である。二四時間三六五日、会社経営のことを考えてやってきた。

③ 何のために経営をするのか、に気づき、伝える。

私にとって経営とは何か、を問いかけてほしい。利益をあげること、財産を残すこと、こんなレベルの志では、人はついてこない。

創業者が成し遂げたかった「人生の目的」は何なのか。中小企業経営とは、経営者が人生をかけて作り上げる「芸術作品」である。まず、現経営者が「経営という仕事を通じて何を実現したいのか」に気づくことから始める。これが真の「創業者精神」である。

創業者精神が時代に合わないと思ったら「第二の創業」をさせることである。

4　若手経営者塾の現実と課題

この塾を開設して一〇年になる。塾生は延べ七〇〇人くらいになった。「留年生」があるため、実数は五〇〇人くらいと推定される。この十年間には、試行錯誤しつつも常に改善テーマ、問題意識を持って実施してきた。

カリキュラムの固定化・マンネリ化の防止

経営者に求められる資質や学習内容は、ある程度「類型化」することができる。すなわち、経営方針の策定、営業力の強化、技術革新、財務体質の強化、人事労務管理（組織運営）、経営者としての自覚・人間形成などである。それだけに同じ学習テーマであっても、常に新しい内容を盛り込んでいくことを考えなければならない。

具体的にどのような工夫をしているか、二〇〇五年度（五回シリーズ）と二〇〇六度のカリキュラムを比較すると表4—2のようになる。

① **講師陣の充実**　毎年二〇〜三〇人の自主的留年生がある、という事実を特に意識しないまでも、講師陣には常に新しい内容、新しい考え方（切り口）を求めて行かなければならない。

② **経営に直結した内容の充実**　「観念的な議論」は避けなければならない。会社組織は生き物のようなものであり、できるだけ実例に即した内容を紹介していくことが大切である。

また、成功した「大企業」の例を引用するのは適当でない場合が多い。「中小企業の目線」に合わせた内容を考えていく必要がある。

京都には小さなベンチャー企業から、世界的に知られる大企業に発展した実例が豊富にある。そのような大企業も、元は小企業からスタートしているが、既に上場を果たしているような企業の例では、この若手経営者塾の塾生と目線を合わすことは難しい。

表4―2　2005年度と2006年度の比較

	第1回	第2回	第3回	第4回	第5回
2005年度 （5回シリーズ）	**経営戦略** 戦略転換期の中小企業経営革新すべきポイント・取るべき施策	**組織人事** 社員のやる気を高める組織革新の進め方、パート・アルバイトの戦力化による高収益の実現	**財務改善** 中小企業ができる財務管理の強化法	**営業推進** 営業利益を飛躍的に高める実践法	**問題解決** 経営者のための問題解決手法

	第1回	第2回	第3回	第4回	第5回	第6回
2006年度 （6回シリーズ）	**経営革新** これからの若手リーダーの役割	**社会教養** 経営者のためのことば・マナー塾	**財務・税務** 知っておきたい新会社法・税制改正のツボと税務調査の心得	**営業推進** ライバルに勝つための営業システム・ノウハウの確立	**人材育成** 社員のモチベーションを高める実践的育成法	**総括** 経営者のための人間学

うまく運営するための秘訣

若手経営者塾は、各回とも午後一時三〇分から五時二〇分まで、休憩を入れながら進めている。

それぞれのテーマで講師が変わるが、塾生が学習意欲に燃えて、積極的な姿勢で受講する工夫を凝らしている。塾生は業種、業態が違う上に、知識レベルもマチマチである。そのような異業種の集まりでは、セミナーの水準を上位に合わせても下位に合わせても、あるいは業種に偏った枠組みを求めても上手くいかない。試行錯誤は続くが、各回とも塾生に「一定の満足感」を与えることを常に考えていくことが必要である。講師陣にそのことを要請しながら、成功している理由を分析してみると、およそ次のようなことが考えられる。

①　参加の心構えを徹底する。どのような業種にあっても、自ら経営に携わる気概を持って参加させる。講義のスタートでその意識を徹底して、今日の時間に自分に役立つものを得

て帰るように仕向ける。塾生には、自らの仕事に誇りを持つとともに、改善すべき問題意識も植え付ける。

②　小グループ編成（一グループ五〜八人）として、毎回できるだけ新しい出会いを求めて、友人を作るような機会を与える。

③　講師がひと通りの講義を行い、各回のテーマで最低限押さえておく内容を掴んだ上に、課題を与えてグループ討議を行う。

④　グループ討議の結果を、全体会議で各グループ・リーダーに発表させ、講師からコメントする。このコメントは非常に有効であり、それによって他のグループも自分たちの気づかなかったことを学び、全体のレベル調整の効果がある。

⑤　討議内容には、答えが導き出せないものもあるが、問題解決に向けての考え方、処方箋がヒントとして出れば、それで成功である。

⑥　最後に、アンケートで満足度を確認し、次回の参考にする。

過去には次のような失敗例がある

ある業界で成功した中規模企業の社長を客員講師として招き、自社の経営についての体験を話してもらった。その講演後、成功のポイントになることを指導講師が要約して、その秘訣を学んでもらおうとしたことがある。一見内容の濃いセミナーと思えるが、上手くいかなかった。それは、一言で言うと「客員講師と塾生との目線が違った」からである。ごく一部の塾生に参考になったとしても、大部分の塾生には「他人事」としてしか見られなかった。

指導講師があまり若過ぎるのも、塾生に抵抗感があった。中小企業診断士の資格を持つ講師が話す内容は、話術巧みで経営理論も正しく解説していたが、「どこか尊大に」聞こえた。塾生の出席率が下がって、その理由を分析してみると、そのようなところに気がついた。

これからの課題

本章の題を「自主的留年生」とした理由を考えると、およそ次のような課題が浮かび上ってくる。

毎年度カリキュラムの工夫をしながら、マンネリ化を避ける努力をしているが、それでも大きなテーマは変えていない。すなわち、①経営戦略の立案、②営業力強化、③技術革新、④財務体質強化（財務諸表の分析）、⑤人事労務管理、⑥経営者としての自立、などである。これらのテーマを毎年繰り返すが、一年間勉強してきて、もっと勉強を続けたいという意欲が湧いている。いずれも経営者としての「永遠のテーマ」であることながら、これまで「まとまった勉強の機会」がなかった塾生や、自分の弱点を克服する意欲の表われからのリピーターである。

各テーマについては、それぞれ勉強する内容が豊富であり、一回だけでは消化しきれない。講師は講義の中で塾生のレベルを調整、確認しながら、考え方や学習方法を熱意を持って伝えているが、やはりその「生の講義」で改めての勉強をしたいと思う塾生が多い。

このような若手経営者塾の今後の課題としては、次のような点が上げられる。

① 学習した内容をどのように実践したか、個々の企業のフォローができていない。それはこの塾の

目的を超えたテーマかもしれないが、実践から生まれる体験は生きた研究成果として貴重であろう。

② 基礎的な勉強の繰り返しだけでなく、シニア・クラス（それぞれのテーマでレベルを上げた内容のクラス）の組成が課題である。

③ 異業種交流から、例えば実際のビジネス・マッチング事例が生まれたか、若手経営者の「仲良しグループ」にとどまらず、経営に役立つ情報交換に発展する芽があるのか、そうした点の検証も必要であろう。

第Ⅱ部　地域の取組み

第五章　中小企業のまちすみだ発・後継者育成
——下町型ビジネススクールの展開（墨田区）

檜垣雅之

中小企業の永遠のテーマともいわれる後継者問題は、特に高度成長期に創業した企業が世代交代を迎える一九八〇年代後半から大きくクローズアップされるようになった。しかし、その問題が語られる一方で、なかなか有効な解決策を見出せないという現実がある。

こうした問題に一石を投じるべく、墨田区では二〇〇四年度より、後継者・若手企業人を対象とした私塾形式のビジネススクール「フロンティアすみだ塾」を開講している。本章では、墨田区の産業の特徴と後継者を始めとする若手の人材育成に踏み込んだ経緯にも触れながら、同塾の展開を見ていくことにする。

1　墨田区の産業と後継者問題

墨田区は東京の都心から東へわずか五キロに位置し、西の隅田川、東の荒川に囲まれた面積一三・七五平方キロという比較的小さな地に約二三万人が暮らしている。まちなみにも人びとの気風にも情緒豊かな息づかいが聞こえる下町風情が漂い、国技館の相撲、墨堤の桜、隅田川花火などは世代を越えて多くの観光客で賑わいを見せる。二〇一一年には地上波デジタル放送に対応した新タワーの完成を控えるなど、今、まちは新たな局面を迎えつつある。

墨田区の産業の特徴

一九四七年に北部区域の向島区と南部区域の本所区が一つになって誕生したのが現在の墨田区であり、江戸時代の向島は田園地帯が続く近郊農村、本所は武家屋敷と町人のまちで、農水産に加え瓦・鋳鉄加工・材木商などの地場産業が発達していた。明治維新以降は一変して、河川に囲まれた好適な立地条件と恵まれた労働事情で急速に工業化が進展し、メリヤス、マッチ、セルロイド、石鹸、靴、時計、自転車、ビールなどの産業が興るなど、日本の近代産業の発祥地の一つともいわれている。

表５—１　墨田区の工場数の推移

（工業統計調査）

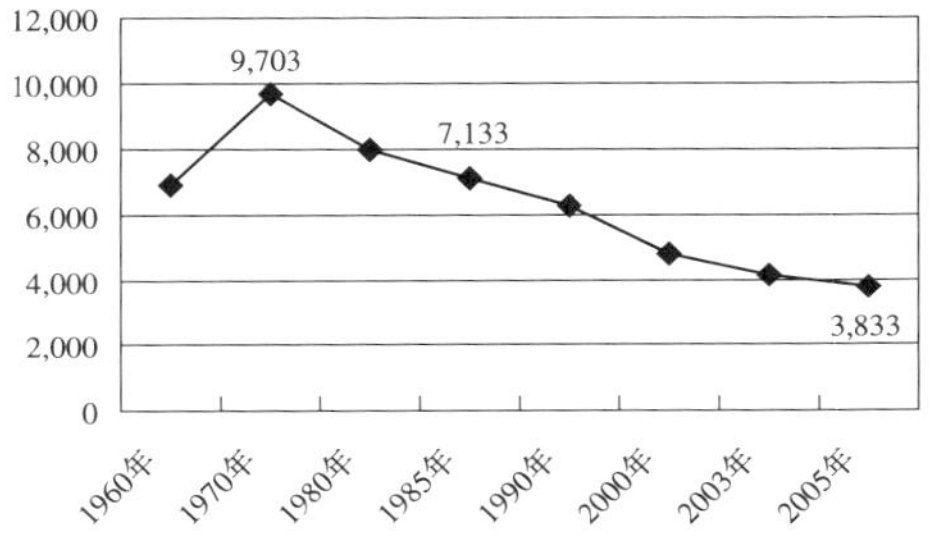

古くからものづくりのまちとして発展してきた墨田区だが、高度成長期には約九七〇〇を数えた工場も現在では半分を大きく下回る三九〇〇程度にまで減少している。それでもなお中小企業の集積は著しく、刻々と変化する大都市東京の限られた操業環境の中で、金属製品から印刷・紙加工製品、繊維製品、プラスチック・ゴム製品、皮革製品、木製品まで、多種多様な産業集積のメリットを最大限に活かし、スピードと技術対応力でユーザー・消費者のニーズに応えるものづくりが展開されている。

墨田区の後継者問題

八五年のプラザ合意から二〇年余、円高とバブル経済の崩壊を経て、長期にわたる景気の低迷とデフレの進行、生産拠点の区外・海外への移転、さらには後継者難などにより、約三〇〇〇もの工場が墨田区内から姿を消した。中でも経営層の高齢化と後継者問題は、事業所の休業、廃業の問題ばかりでなく、激変する経営環境に対応するための事業活力の源泉に関わる問題として注視すべきものである。

二〇〇四年度に墨田区が区内製造業事業所四三三八社を対象に実施した『区内製造業実態調査』(1)では、経営者の平均年齢は六四・三歳、これを年齢層別で見ると六五歳以上の経営者が全体の四九％を占めた。また、後継者の有無に関して、「後継者有り」と回答した事業所数は全体の二五％にとどまり、若年層の製造業離れを顕著に示す結果となった。これらは、今後の事業所数減少の潜在的な要因であると同時に、経営革新の阻害要因とも考えられ、墨田区の製造業の活性化に関わる構造的な問題ということができる。

工場を含む事業所数の減少で生産機能が低下し、企業間のネットワークも弱まる中で、今後も地域が活力を維持し、持続的に発展していくためには、その根幹をなす企業の活性化が不可欠であり、新たな企業群の創出はもちろん、後継者問題の解決を含めた既存企業の維持・再生は、墨田区の産業振興における重要なテーマとなっている。

2　墨田区の産業振興策と人材育成

職住近接のまちとして、「区内産業の発展なくして区民生活の向上なし」という理念の下で、墨田区は一九七九年という早い時期に「墨田区中小企業振興基本条例」を制定し、企業、区民と区が一体となって中小企業の振興に取組む姿勢を表明した。(2)

施策の展開と「産業振興会議」

条例の制定以降、産業振興策の展開に当たっては、「産業振興会議」が大きな役割を果たしている。この会議では、産業人、学識経験者と区が、区内産業の抱える諸問題について共通の認識を深め、意見交換や提案を行うことで、より効果的な産業振興策を検討するのである。八〇年の設置から二七年、市区町村レベルでは全国初となった「すみだ中小企業センター」の設置や、「3M運動」(小さな博物館、工房ショップ、マイスターの各運動を総称したもの)の展開など、墨田区の産業振興の歴史を物語る数々の施策がここから誕生している。会議の変遷を見ると、当初は産業支援の基盤となるべき施設の設置といった「ハード」を中心に、次第に事業提案といった「ソフト」の検討へと移行し、二〇〇二年度には後継者・若手企業人の育成というテーマにたどりつくこととなった。

八七年から座長としてこの会議を指導するのが、墨田区の産業振興専門員も務める関満博氏(現、一橋大学大学院商学研究科教授)である。世界の「先端」に身を置く関氏の一貫した「現場主義」の考え方は、長きに渡り区内産業人に大きな影響を与えてきた。こうした座長のコーディネートによる会議は、単なる政策提案を目的とした意見交換の場ではなく、産業人を始めとする参加者の活発な議論の中で、広く人材育成の機能も果たしてきたといえる。

表5―2 「中小企業のまちすみだ新生プラン」の体系

［目標］ 都市型新産業が集積するまち すみだ
戦略1 地域産業を牽引する「フロンティア人材」の育成
1 次代を担う後継者・若手企業人の育成と代替わりの促進
2 技能や経験を有する人材が活躍する場の創出と発展・継承
3 既存のものづくりの枠にとらわれない人材交流
4 中小企業センターや KFC・IFI（関係機関）の専門能力の強化
戦略2 経営革新を目指す企業群の創出
1 区内企業が大学・行政機関等を活用できるしくみづくり
2 新技術・新製品開発の支援を通じた経営改善
3 直販等、販路開拓の支援を通じた経営改善
4 アジアを中心とする海外との関係づくり
5 製品開発・販路開拓への企業経験者の能力活用
戦略3 ニュービジネス・ベンチャー・新規創業企業等の集積の形成
1 新規創業へのハード・ソフト両面からの支援と環境整備
2 企業の成長段階に応じた支援と環境整備
3 ソフト支援における企業経験者や大学の活用
4 空いている工場・商店・教室・倉庫・住宅等の活用
5 地域でのものづくりを支える環境整備
6 戦略的な拠点形成とセールスシティの展開

＊都市型新産業とは、時代の変化に対応した経営戦略を持ち、すみだが持つものづくりの技術・経験の蓄積と、すみだに集まる「知恵・意欲・感性」を活かし、新たな価値を創造する産業・企業をいう。

中小企業のまちすみだ新生プラン

このように、早くから企業、区民との協働による積極的な産業振興策を展開してきた一方で、後継者問題に対しては具体的な施策を見出せないでいたことも事実である。そこで、墨田区では二〇〇三年四月、新たな時代に対応した「中小企業のまちすみだ」の将来展望とそれを実現するための施策を示す『中小企業のまちすみだ新生プラン』を策定し、後継者問題の解決へ向けた新たな一歩を踏み出した(3)。

プランでは、新たな時代を切り拓く人材の育成などを含む三つの戦略により、「都市型新産業が集積するまち　すみだ」を目指すことにしている。中でも戦略1「地域産業を牽引する『フロンティア人材』の育成」では、次代を担う後継者・若手企業人の育成と代替わりの促進に向けた具体的な施策として「後継者を対象とした私塾形式のビジネススクールの実施」をあげている。

後継者育成の「すみだモデル」の構築

プランに掲げた重点施策の一つ「後継者を対象とした私塾形式のビジネススクール」の早期実現に向けて、二〇〇三年度の「産業振興会議」には二四歳から三九歳までの若手一一人が集結した。会議を試行的にビジネススクールの形態で実施することで、運営に関するノウハウを蓄積するとともに参加者の人材育成を図ることとした。手探りという状況の中、講義、討議にとどまらず、参加者相互の企業視察や他地域の後継者との交流を行うなど、当初のスケジュールを大幅に超えた濃密なプログラムを展開した。また、毎回深夜にまで及ぶ交流会では、共に後継者としての悩みを打ち明け、互いに意識を高め合う絶好の機会となった。

一方で、「産業振興会議」という性質上、時間帯や回数など運営に制約があったことも事実で、参加者からは本格的にビジネススクールを実施するに当たっては、次の事項に留意すべきとの意見が上げられた。

①　実施時期は、平日の夕方以降や土曜日、日曜日に設定するなど、従業員数が二〜三人の小規模企業が多いという地域事情を考慮すること。また、参加意識の高い受講生が継続して受講できるよう

表5—3　ビジネススクールの「すみだモデル」

理　念

塾生が相互の全人格的な付き合いにより、成功・失敗等の経験、発想、経営者としての覚悟、志、社会的使命感等を共有することで、直面する様々な課題を自ら考え克服する力を鍛錬・養成する。

特色

■講師の一方的な話を聞くのではなく、塾生相互の討論と意見交換を中心とした塾生主体の学びの場。

■後継者・若手企業人が意欲的な活動を見せる「現場」を訪れ視察や合宿を行うなど、地域を超えた交流を図ることで、後継者としての悩みを相互に解消し「志」を高める。

運営

■地域をあげて代替わりの促進や後継者の育成に取り組む風土を醸成するため、区、関係機関、区内産業人等が連携。

■塾頭はビジネススクールの運営に関する見識を有するとともに、区内産業に精通する者。

カリキュラム

■毎月1回程度、実践的な「経営者学」を学ぶ講座や、テーマに基づく「本音の議論」と自由討議を行う。その他年3～4回の視察・合宿を実施。

■カリキュラムの決定や講師の選任など、塾頭による総合的なコーディネート。

効果

■塾生がこの塾を通じて学んだことや、新たに生まれた後継者・若手企業人同士のネットワーク等を活用して、自社の意欲的・革新的な経営展開につなげる。

■塾生及び卒業生が、地域におけるリーダー的な役割を果たすことにより、区内産業の発展・活性化が期待できる。

■事業継承を目指す人たちに、先人や同じ立場の人の経験・悩みを学ぶ環境を提供することで、経営層のスムーズな代替わりを促進する。

に配慮すること。

②講座の内容について、講師は学識経験者だけでなく、実践の「元気な経営者」を活用すべきである。講義では積極的に区外に飛び出し、他の地域の躍動する現場を目の当たりにするとともに、そこで意欲的に活動する人びととの交流も必要である。また、後継者としての決断をした人だけでなく、後継者となるかどうか悩んでいる「後継者予備軍」が意識改革するに当たっての後押しができるような講座も設定するべきである。

③その他、講義の終了後においても参加者相互の交流を促進することとし、例えば講義のほかにサークル活動的な時間を設けるなど、受講生の自主性を高める取組みが必要である。

こうした一年間の試行によって明らかになった課題を一つひとつクリアしながら、ビジネススクールの「すみだモデル」を確立していったのである。

3　私塾「フロンティアすみだ塾」の展開

ビジネススクールの「すみだモデル」は、二〇〇四年六月に「フロンティアすみだ塾」として本格的なスタートを切った。対象は中小企業の後継者・若手企業人（四五歳程度まで）で、塾生は一〇人程度。時間は毎月一回、土曜日の午後を基本とした。四時間の講義・討議の終了後は、深夜まで交流会が続く。

塾頭は、すみだの人、暮らし、まちに造詣が深くビジネススクールにも明るい人物として、前述した「産業振興会議」の座長や産業振興専門員を務めている関満博氏にお願いをした。次に、これまでの取

写真５―１　塾頭の講義で「先端」にふれる

組みを振り返るとともに、塾の特徴的な点を紹介する。

全人格的な付き合いで「志」を高める

塾生が相互の全人格的な付き合いにより、成功・失敗等の経験、発想、経営者としての「覚悟」「志」「社会的使命感」を共有することで、直面する様々な課題を自ら考え克服する力を鍛錬・養成する。

この基本理念の下、塾の開講式では一人当たり二〇～三〇分という徹底した自己紹介を行う。塾頭も加わり、生い立ちから現在に至るまで、自身の恥をすべてさらけ出すのである。塾生一同、与えられた時間の長さに困惑する中で、塾頭からは矢継ぎ早に質問が飛ぶ。今後、後継者から経営者を目指すものとして自分のことすら満足に語れないのかと、誰もがショックを隠しきれない。

しかしこの経験が、基本理念の体得に大きな意味を持つのである。また、塾の特色は、塾生相互の討論や意見交換を中心とした塾生主体の学びの場という点にある。したがって、個々の塾生が高い意識を持つことが、塾の活性化へとつながり、一年を通じて塾を展開していく原動力にもなるのである。

実践的な「経営者学」を学ぶ

カリキュラムでは、毎月一回程度、実践的な「経営者学」を学ぶ講座や、テーマに基づく「本音の議論」と自由討議を行うことにしている。塾頭からは、国内ばかりでなく、中国、台湾、ベトナムなど世界の現場の実情や少子化・高齢化に対応した経営のあり方など、経営者として押さえておくべきポイントについて的確な情報提供が行われる。

こうした「先端」に触れる講義に加え、現状認識から意識改革、経営環境、経営管理の理解、さらには経営戦略の策定に至るまで体系的なカリキュラムを構築している。毎回、塾頭のほか墨田区内外の「元気な経営者」が講師として教壇に立つが、その誰もが一方通行の講義を展開するのではなく、塾生との相互のやりとりによって議論を深めるというスタイルをとっている。一〇人前後の少人数だからこそできるやり方で、このゼミナールスタイルが塾の大きなメリットである。

また、各回の講義については、次回の講義までに感想等を記したレポートの提出を義務づけている。提出されたレポートは、塾頭が必ず目を通し、「一言コメント」を付けたうえで一つの冊子にまとめ、塾生全員に配布する。そうすることで、講義のフォローアップを行うとともに、お互いが意識を共有できるようにしている。さらに、各回の講義の合間には塾頭から課題図書が与えられ、これも期日までに

表5—4　第2期「フロンティアすみだ塾」のカリキュラム

■講座Ⅰ　（意識改革・向上、リーダーシップ、経営環境、経営管理、経営戦略）

回	内容	
1	開講	塾頭　関 満博氏（一橋大学大学院商学研究科　教授） 開講オリエンテーション
2	講義・討議① （はじめに）	講師　佐藤 泰博氏（㈲ミソノ写真館　代表取締役） 「人間魅あるリーダーを目指して…」
3	講義・討議② （現状認識）	講師　石田 昌久氏（新東㈱　代表取締役社長） 「あなたの経営感覚は？～経営シュミレーションゲームを通じて～」
4	交流・視察	塾頭　関 満博氏（一橋大学大学院商学研究科　教授） 「りそなマネジメントスクール戦略経営マスターコース」との交流と企業視察
5	講義・討議③ （意識改革）	講師　小野 仁美氏（㈲ビューティアンドサポート　代表） 「自分自身そして会社…目標の実現に向けて」
6	合宿	塾頭　関 満博氏（一橋大学大学院商学研究科　教授） 岩手県宮古市での合宿、交流と企業視察
7	講義・討議④ （経営環境）	講師　藻谷 浩介氏（日本政策投資銀行地域企画部　参事役） 「すみだ、日本、世界を見つめる～人口構造の変化の中で生き残るには～」
8	講義・討議⑤ （経営管理）	講師　伊藤 麻美氏（日本電鍍工業㈱　代表取締役） 「元DJ社長の企業再生奮闘記…就任わずか3年で10億の負債も跳ね飛ばす！」
9	講義・討議⑥ （経営戦略）	講師　磯部 成文氏（フットマーク㈱　代表取締役） 「常に新しいボールを投げよう！“お客様が第一”を追求し見えない市場を切り拓く」
10	講義・討議⑦ （経営戦略）	講師　久米 信行氏（久米繊維工業㈱　代表取締役） 「自己プロデュースのすすめ～積極的な情報発信で新たな感性や価値観を創造する～」
11	閉講	塾頭　関 満博氏（一橋大学大学院商学研究科　教授） 塾生によるビジネスプレゼンテーションなど

■講座Ⅱ　（財務・経営分析、戦略形成プロセス、マネジメント）

回	内容	
1	講義① （現状分析）	講師　多田　款氏（早稲田ビジネスパートナーズ㈱　代表取締役） 石川 雅道氏（同社　取締役） 「夢を見る方法」 財務分析、各種経営分析を通じて自社の現状を明らかにし、新たな経営戦略の構築を目指す。具体的な戦略とプロジェクトの策定、さらにはバリューチェーンの構築や利益計画までを体系的に理解する。
2	講義② （戦略・プロジェクト）	
3	講義③ （利益計画・資金）	

要約と感想を記したレポートを提出しなければならない。まさに息継ぐ暇もない緊張感を持った一年を過ごすことになるのである。

そして、一年間の総決算となる閉講式では、塾生全員がビジネス・プレゼンテーションを行う。塾頭を始め講師や自社の社長、さらには合宿等で交流を持った他地域の後継者・若手企業人などを招き、塾生一人ひとりが経営者としての自身と自社の展望を語る。いずれも開講式での自己紹介からは想像もつかないほど、自信と希望に満ちた意思表明を行い、晴れて塾を卒業していくのである。

「現場主義」の徹底――相互の交流と研さん

この塾に欠かせないものとして、交流や視察、合宿がある。全国各地から後継者・若手企業人のグループをすみだに迎え、同じ立場から意見交換を行うとともに、逆にこちらからも積極的に飛び出し、躍動する現場を体感する。二〇〇四年は島根県東出雲町、二〇〇五年は岩手県宮古市、二〇〇六年は富山県高岡市で合宿を行った。それぞれの地域では、オンリーワンの技術で世界展開を図る企業や、下請け体質からの脱却を果たすべく奮闘する企業など、自信と誇りを持って経営に取り組む姿を目の当たりにするのである。さらに、現地の後継者・若手企業人との交流も含め、誰もが明日の経営に立ち向かう大きなエネルギーを得ている。

こうした合宿の他に、一部の塾生はカリキュラムの枠を超えて、二〇〇五年には「柏崎市ものづくり若手企業人シンポジウム」や、中国の「深圳テクノセンター大運動会」へ参加するなど、自ら積極的に行動を起こすことで、塾頭のいう「現場主義」と「先端」を実感しているのである。

写真５―２　高岡合宿で現場を体感

卒業生の参加で刺激を与える

「卒業生は出入り自由」。こう宣言したところ、ある講義にはほとんどの卒業生がつめかけた。回が進むにつれて議論は活発化していくが、開講当初の塾生はどうしても硬くなりがちで、必ずしも円滑な議論とはいかない。こうした状況に卒業生が参加することで、場の雰囲気は一変する。自らの意思で参加し、積極的に塾の運営をサポートする彼らの存在は非常に大きい。

同じことを経験している先人たちの存在は、塾生にとって良きサポーターであると同時に、身近なライバルでもあり、互いに学び合い、高め合うことで、さらなる効果が生まれる。また、期を超えたネットワークが自然と形成されていくことも、特筆すべき点である。

塾の卒業生からは、すでに三人の社長が誕生している。第一号は仲田雄一氏（一九六四年生まれ）である。歯科医という異色の経歴を持ちながら、先代の急病により家業の工業用ゴム商社に入り、当初は二束のわらじで経営に携わっていた。多忙な日々に焦りと疑問を感じる中で、塾の門をたたいた。そんな仲田氏だが、閉講式のプレゼンテーションでは「三回目の講義を終えた頃には、すでに自分の進むべき道を確信した」と語った。今では視界が開け、社長として社員、会社を率いて全力で経営に取組む日々だという。

第二号の森川明子さん（一九八一年生まれ）は、医療機器等の金属部品の切削加工を行う町工場に次女として生まれた。「流れで自分が会社を継ぐことになり、修業のため塾に入ることにした」という。開講式の自己紹介では名前しか言えずに黙り込んでしまった森川氏であるが、天性の素質だろうか、その後メキメキと頭角を現し、塾の卒業からわずか二カ月後の二〇〇六年五月には社長を引き継いでいる。製造業の世界で弱冠二五歳の女性経営者が誕生したことは、他の卒業生や塾生に大きな衝撃を与えたに違いない。彼女のことは、関氏の著書でも大きく取り上げられている(4)。

第三号となる杉山忍夫氏（一九七〇年生まれ）は、墨田区内でガソリンスタンドを営む後継者であった。塾を卒業して間もない頃、「あそこのスタンドは最近すごく繁盛している。どうも新しい営業マンを雇ったらしい」との噂が飛び交ったという。実際にはそんなことはなかったのだが、あまりの盛況ぶりで周辺の同業者を驚かせたのである。そして二〇〇六年夏、杉山氏は新たな事業を立ち上げ代表に就任した。

このほかにも、第二創業的に事業展開を図るもの、積極的に自社の経営革新に取り組むものなど、卒業生の活躍には目を見張るものがある。彼らの存在は、塾生、そしてすべての卒業生にとって大きな刺激であると同時に、まさに塾の象徴として周囲に「勇気」と「希望」を与えている。

地域をあげての後継者育成

後継者として、どんな悩みを持ちどんな思いで日々の経営に携わっているのか、同じ境遇にあるものしか理解し得ない。塾の立ち上げにはコアとなる区内産業人、特に若い経営者の力が不可欠だった。ここで骨身を惜しまず協力していただいたのが、深中メッキ工業㈱専務取締役の深田稔氏（一九六四年生まれ）である。大手菓子メーカーの営業マンから転身し、家業のメッキ工場を継いで自社の経営に邁進する傍ら、持ち前のリーダーシップで東京都鍍金工業組合青年部の会長を務め、後進の育成にも取り組んでいた。自社のみならず業界の若手を先導してきた深田氏の経験は、塾の実現に向けて大きな力となった。

そして二〇〇四年四月、地域をあげて後継者を育成するという趣旨のもと、区内産業人を軸に墨田区、東京商工会議所墨田支部、財団法人ファッション産業人材育成機構が連携して、塾の運営主体「すみだ次世代経営研究協議会」を設立したのである。もちろん初代会長には深田氏が就任し、裏方として運営を支える一方で、時には塾生の輪にも加わり叱咤激励するなど、中心的な役割を果たしている。

現在は一期、二期の卒業生も会員としてこの協議会に加わり、塾生の視点からカリキュラム等の検討を行い、塾の運営をサポートすることで、ますます活発な動きを見せている。

4 後継者育成の新たな展開に向けて

二〇〇六年一一月、墨田区では「『フロンティア人材』が切り拓く地域産業の明日」と題したシンポジウムを開催した。全国各地の後継者・若手企業人が一堂に会し、これからの日本の人づくり、企業づくり、地域づくりについて、大いに語り合った。やはり、全国には同じような悩みを抱えて奮闘するいわば同志たちが少なくないことを実感させられた。今後もこうした人たちに向けて、「すみだモデル」の取組みを広くPR、情報発信していきたいと考えている。さらに、本書で紹介されている数々の私塾との交流を深め、全国的なネットワークを構築していくことも重要だろう。

「フロンティアすみだ塾」に関しては、地域をあげた取組みを一層強固なものとし、さらなる進化を遂げなければならない。さきのシンポジウムを機に、塾頭の関氏からは「全国の私塾の交流拠点となる」ことも指摘されており、塾生、卒業生はもちろん、全国のメンバーが集い、情報交換が行えるような活動拠点を整備することが求められている。また、これから三期、四期と引き続き塾を実施していくに当たっては、卒業生の組織化も欠かすことができない。カリキュラムの充実を図ることはもとより、卒業生のフォローアップとして「ステップアップ講座」を開講することなども今後の大きな課題である。

このように、すみだ発の後継者育成は始まったばかりで、これからやるべきこと、直面する課題も多々ある。それでも墨田区が恵まれているのは、新たな難題にも労を惜しまず協力してくれる、地域への熱い思いを持った経営者が数多くいることである。地域の支えのもとで後継者が経営者となり、さらに次の世代を育成するような風土が確立されてこそ、本当の意味での「すみだモデル」が実現したことになるのだろう。

地域を支えるもの、それは紛れもなくその地域で暮らす人であり、同様に活動する企業である。地域産業の発展に向けて、それを牽引する「フロンティア人材」の育成は地域づくりの第一歩ではないだろうか。墨田区では近年、後継者を始め新規創業者、デザイナーなど、若手を中心に新たな動き、産業が確実に芽生えている。これらのネットワークが有機的に結びつき、ビジネスとして開花するケースも増えてきた。この先一〇年、二〇年と、こうした小さな動きがつながり、やがては大きなエネルギーとなって、墨田区の産業は新たな時代に突入することだろう。まさに「都市型新産業が集積するまちすみだ」の実現に向けて、区では今後も企業、区民との協働による産業振興策を展開していくことにしている。

(1) 墨田区『平成一六年度区内製造業実態調査分析報告書』二〇〇六年。
(2) 「墨田区中小企業振興基本条例」の制定と墨田区の産業振興策の変遷については、関満博『地域経済と中小企業』ちくま新書、一九九五年、を参照されたい。
(3) 墨田区『中小企業のまちすみだ新生プラン』二〇〇二年。
(4) 森川さんを始めとする墨田区の後継者については、関満博『現場主義の人材育成法』ちくま新書、二〇〇五年、同『二代目経営塾』日経BP社、二〇〇六年、同『元気が出る経営塾』オーム社、二〇〇六年、を参照されたい。

第六章　地元工業界における人材育成の新たな試み
——青年工業クラブの取組み（柏崎市）

柳　清岳

二〇〇一年、柏崎市役所の当時商工振興課副参事（現、農林水産課課長代理）であった竹内昇平氏が「地域産業の振興は、志をもった市町村職員が命懸けでやらないと成功しない。人の姿が見える地域になることだ」と言う一橋大学大学院の関満博教授の講演を初めて聴いて、私のところへ眼を輝かせて跳んできた。私は話を聞きながら「それは面白そうだ、この先生の力を借りて、一緒にチャレンジしてみようか」と思った。今思えば、これがきっかけだった。

それから二人は、地元業界の若きリーダーであり、柏崎商工会議所副会頭でもある㈱サイカワ社長西川正男氏の賛同を得て、その年の七月に関教授の講演会を初めて柏崎で開催した。このとき関教授は、若手工業界の熱気と地元の旨い酒そして寿司に惚れ込み、以来五年ほどのあいだに二〇数回の交流を重ねてきたのである。講演会や企業診断などで、柏崎に来ていただくことはもちろんのこと、自分の商学部ゼミ合宿、二回の中国視察、柏崎工業高校全生徒を前にした講演会、そして若手経営者・後継者を対象として「私塾」の立ち上げなど、あらゆる手法で刺激を与え続けてきた。

さて、現在柏崎には製造業が約四〇〇社集積しており、その内、切削・研削加工、製缶、鋳・鍛造、メッキ、プレス、金型などの機械金属関連企業が約二五〇社強を数えている。また、これらの技術をベースに、伸線機、エンジンのアルミダイキャスト金型、超精密プレス加工など、高度な特殊技術を有

写真6―1　ぎおん柏崎まつり「たる仁和賀パレード」に参加した青年工業クラブメンバー

する地元企業も多く集積しているとともに、全国的に少なくなってきている中・大物金属加工を得意とする企業も存在している。

さらに関教授が注目しているのが、柏崎の工業界で組織している「柏崎青年工業クラブ」の存在である。業界の二〇～三〇歳代の後継者を中心とした組織であり、設立して三十数年経っている歴史のある団体である。現在会員は五二人（四三歳の定年制あり）在籍しており、若手後継者の勉強・交流の場となっている。そして、鉄工所の社長になるための登龍門的な役割も果たしている。

この青年工業クラブが、これから紹介するあらゆる事業のキーパーソンとなり、また青年工業クラブの存在こそが、柏崎の工業界の大きな特徴の一つとなっていると言える。

1　ものづくりの若手を育成する

「ものづくり若手企業人シンポジュウム」を開催

二〇〇五年一一月二五日、地元工業界や関教授とつながりの深い地域から一二〇人余りが集い「若手後継者同士の交流、若手企業人と現経営者との交流」などをテーマに掲げ、お互いの熱き思いや進むべき道について理解を深め、ビジネスの輪を広げるシンポジュウムを開催した。

このシンポジュウムのきっかけは、二〇〇三年、東京墨田区「フロンティアすみだ塾」と交流したことに始まる。この時に、深中メッキ工業㈱専務取締役深田稔氏と出会う。若手でありながら物事に動じることなく、自社の仕事に感謝の念を忘れない、そのスケールの大きさにほれ込みシンポジュウムのパネラーをお願いすることにした。また対照的に一見控えめでありながら、しっかりとした経営理念を持っている同じ墨田区の㈱三進製作所丁官一郎社長にもお願いをする。

今回の関教授はいつもにも増して力が入っていた。この若手企業人シンポジュウムの趣旨に早くから賛同し、各地に柏崎へ行くべし！と積極的に勧めてくれた。その温かな関教授の〝オドシ〟に乗せられてぞくぞくと県外勢が名乗りをあげてくれた。まず、東京墨田区からパネラーのご両人をはじめ一三人も参加してくれた。さらに板橋区からも七人が駆けつけてくれた。驚いたのは山形県長井市にある若手機械工業界のグループ「亦楽会《いき》」のメンバー及び事務局一〇人が参加してくれたことだ。実に元気はつらつ！で、一瞬聞き取り不能な「長井弁」を駆使し会場を沸かせてくれた。また高岡市からは、たかおか地域活性化研究会、紅一点㈱マーフィーシステムズ社長の藤重嘉余子さんを先頭に六人がはせ参じてくれた。柏崎の関教授を知っている仲間は、この時ばかりは関教授の神通力に恐れ入った。

関教授の基調講演は、地域産業・中小企業の最大の課題は「対中認識」「産学連携」「後継者問題」の三点をあげ、特に中小企業では後継者問題が最も深刻であると述べた。

シンポジュウムは右記の二人を含め五人のパネラーがそれぞれ持論をぶつけ合い、関教授がまとめる

写真6―2　第1回「ものづくり若手企業人シンポジュウム」

手法をとった。地元パネラーの一人である日本メッキ工業㈱関矢浩章社長は「会社の生き残りは個人の力を高め、得意分野に特化し、差別化を図る」と持論を述べた。さらに青年工業クラブ会長石黒信夫氏は、「我々若い世代が横のつながりを強め、ものづくりでも連携が出来るように努力したい」と話した。深田氏は「努力し高い志を持てる人間になれば、高度な経営技術をもつ経営者になれる」と熱く語ってくれた。会場から飛入り発言があり、「亦楽会」のメンバーは「取り巻く環境は苦しいが、長井工業高校と連携して人材育成に取り組んでいる」と話した。

最後に関教授は、柏崎の風通しのよい工業界の環境を持ち上げ、「柏崎市は総務部、地元信用金庫は財務部、商工会議所は営業部でサポートしている。社長は中小企業だ。この柏崎産業株式会社が協力し連携を深めて、豊かに暮らせる地域を作ることが重要」と、いわゆる関節で締めくくった。

このシンポジュウムが評判となり、第二回目が二〇〇六年一〇月二六日、山形県長井市で開催された。関教授が背中を押してくれた「地域を越えた交流の輪」が地道に広がっていく事を期待したい。

新・助成事業「デュアルシステム」を取入れ、成果が表れ始める

関教授が口をすっぱくして言い続けている「ものづくり従事者の育成」。ものづくり人口を維持するために、当地域独自の研修制度が二〇〇五年三月からスタートした。

新潟県の上越テクノスクール、そして地元ハローワーク、柏崎市、柏崎商工会議所、柏崎情報開発センターがタッグを組んで、地元工業界若手人材育成のため、この人材育成助成制度を申請し呼び込んだ。

制度の内容は、ニートや就職がミスマッチだった若者を対象に、工業系NC工作機械の操作を習得させる半年間の講義と実習を交互（デュアル）に行う。特に柏崎版の特徴としてあげれば、受講者に対し実習は希望した地元中堅企業を選択できるという点（ここに市や会議所が関わり、企業の仲介を行う）にある。さらに、実習終了後お互い合意するならば即就職可能というシステムになっている。

第一期生六人がこのデュアルシステムに名乗りを上げた。学歴も職歴もまちまちで、職についていない人たちがハローワークの斡旋により申込んできた。

半年後、第一期生六人はめでたく㈱北星製作所、㈱酒井製作所、㈱白川製作所、㈱近藤製作所、㈱山浦製作、㈱オグロの地元中堅工場に再就職し、戦力の一人として活躍し始めている。ちなみに、この六工場は関教授も工場見学し親交を深めている事業所である。

現在、ほぼ二年経過し、約一五人が地元中小工場に新たな職を求め、それぞれがんばっている。事例

写真6―3　デュアルシステム企業実習現場

をあげてみると、独立して一〇年足らずの㈲幸和工業（精密切削加工・溶接加工、従業員一三人）にこのシステムを使って再就職した橋爪君は、首都圏で一級建築士を目指していたが、家庭の事情でUターンし半年間この制度で修業した。この会社では図面が読めることが幸いし、保坂社長からは大きな期待を寄せられている。

また、体調をくずして二週間余り講義を欠席し規定時間が足りなかった石井君は、修了証書をもらうことが出来なかったが、実習態度が良好であったので、㈱キタボシ機械（産業用機械部品切削加工・従業員一五人）に就職できた。同社山田社長は「本人と話し、意欲があることが分ったので採用に踏み切った」と動機を話す。半年後、私が㈱キタボシ機械を訪ねたら、石井君は一生懸命NC旋盤を操作していた。

このデュアルシステムの成果は、地元工業界も人材確保の手法として欠かせないと感じ、二〇〇六年「後援会組織」を発足させた。この素早い対応は、関教授が柏崎の特色の一つに掲げている地元工業界のネットワークの良さにある。会長には第一期生を受け入れた㈱北星製作所（各種産業機械部品加工・従業員六〇人）山田一誠社長が就任した。今後、講義に使う教材や簡単な検査器具など資金面からも支援していく。

このデュアルシステムが定着し継続すれば、柏崎版人材養成モデルとして今後に向けて大いに期待できそうである。

2　柏崎型の産学連携の推進

県立柏崎工業高校が人材育成事業で動き始める

かつて関教授が全校生徒の前で、ものづくりの必要性・大切さを話した県立柏崎工業高校（全校生徒数四八〇人）に、二〇〇六年四月に村山健一校長が新たに着任した。村山校長は工学博士であり、地元柏崎工業高校の出身である。早速、校長は動き始めている。一つは生徒のレベルアップ、次に地元工業界との連携を深める、さらに三点目が地元企業への就職率アップである。

これに対して、柏崎市、柏崎商工会議所は「地元工業振興につながる人材育成を」合言葉に積極的に関わってきている。関教授の訴えた「若者はものづくりを忘れてはいけない。柏崎のものづくり企業は誇りをもっている。皆さんもぜひ自信をもって携わってほしい」という言葉が刺激となって成果が表れはじめている。

生徒のレベルアップについては、第三回高校生アイデアロボットコンテスト、課題別レスキュー部門で全国最優秀を受賞するなど着実に力がついてきている。このロボット製作に対する部材の提供などは地元企業が協力している。また三級技能検定に対しては、県内に先駆けて取り組み、当所嘱託職員によるアドバイスもあり、二〇〇六年秋、三級に三人合格した。これは工業高校にとっても大きな自信につながったはずである。

そして七年目となるインターンシップ制度は、地元工業界との連携により順調に受入先を増やしてきた。一昨年からは三日間の二年生全校生徒によるインターンシップ制度として浸透している。今年は受入先事業所としてデュアル受入企業㈱北星製作所など六社はもちろんのこと、六三企業が参加し二年生一四九人を受け入れている。もう地元工業界では秋の恒例行事としてすっかり定着している。ただし、この三日間はあくまで職場体験であり、残念ながら就職へのつながりは薄い状況である。

村山校長はすでに次の手を打っている。新潟県から予算を取り、今年度高校版デュアルシステム制度を県内では最初に導入する。二〇〇七年三月五日から二週間一〇人規模で実施することを決めた。この新規事業に対しても地元は並々ならぬ関心を寄せている。

地元新潟工科大学も負けずに、工業界との連携を強める

歴史を振り返ると、新潟工科大学は、新潟県内に工業系の優秀な人材を供給しようと新潟県内の有力企業が資金を募り、一九九五年、柏崎市に開学した。何故新潟市ではなく柏崎市なのか。当時誘致活動は熾烈を極めていた。柏崎市は基幹産業である工業の発展には人材育成が最優先課題だと当時の西川正

純柏崎市長が決断し、数十億円もの巨額を大学誘致実現に向けて提供したのであった。これが結果的に決め手となり、柏崎市が新潟工科大学の誘致に成功した。当初の倍率は六・三倍、この難関をクリアした二七六人が第一期生として入学した。さらに九九年大学院工学研究科を開設している。既に延べ二〇〇〇人余りの技術者が地元も含め社会で活躍している。

このような経緯の中、産学官連携への取組みは九七年頃から始まった。ロボット研究会の名称で、青年工業クラブのメンバー有志と中嶋新一教授が、一緒にアームロボットの活用方法などについて研究を行った。若手メンバーはこの研究会がきっかけとなり、その後も新潟工科大学を身近に感じて継続的な交流が続いている。

続いて二〇〇〇年頃から福祉介護の関連で地元業界から申し出があり、福祉介護研究会として当時の工科大寺島正二郎助手と「移乗用車椅子」の開発に着手した。試作機も二台作り、研究も二年に及んだ。しかしながら業界ニーズが掴みきれず、試作機から先へは進めなかった。

さらに二〇〇二年から二〇〇四年にかけては東京電力㈱柏崎刈羽原子力発電所の吸水口にクラゲが付着するため、除去装置の開発を大学と地元業界そして㈱東京電力柏崎刈羽原子力発電所と組み「ジェリーフィッシュクラブ」の名称にて活動を行った。

㈱品銀鉄工所（プラント製品、レーザー加工・従業員一四人）社長品田孝行氏がこのクラブのまとめ役となり、業界若手メンバー一〇人の取りまとめを行った。研究課題としては、除去するため陸揚げしたクラゲの一時集積マスの問題や、貯槽プールでの腐敗クラゲの処理問題などがあがった。この研究を行うためメンバーを二手に分けて、メタングループとハンターグループを設置したのである。

メタングループは、腐敗クラゲにメタンを発生させ、循環系エネルギー源に活用出来ないかと大学の小野寺正幸助教授と共に実験を行った。業界がメタン発生実験機を作り、二年間にわたり研究を続けた。クラゲからメタンの発生が確認できたが、残念ながら実用化までは至らなかった。

ハンターグループは、陸揚げしたクラゲをいかに効率よく処分できるかについて業界主導にて研究を行った。試行錯誤の末、第一弾として設置が簡単で増設が可能な「新型回収枡」を完成させたのである。この枡の評判がよく、原子力発電機の一号機から七号機まで全号機に設置できた。このことは、関わった若手業界メンバーの自信につながり、次の「掻き揚げ機」の試作を検討しているところである。

先般のものづくりフロンティア塾に飛入り参加し、関教授と交流を深めた機械制御システム工学科の佐伯暢人教授は、同大学の産業界との窓口にあたる新潟工科大学産学交流センターのセンター長を兼任し、大学と業界とのネットワークの拡大に力を注いでいる。その積極的な姿勢は、若手工業人も好意的に受入れており、次の一歩が期待されている。

3　マイスターカレッジの開始

独自の技能育成長期講座「マイスターカレッジ」始まる

人材育成は総合的に取り組まなければいけない。中小企業は、自前で従業員の技術向上プログラムを作り実践することは難しい。柏崎の工業界は早くから対中国や脱下請けなどを考え、従業員の技術レベルの向上に取り組んできた。その一角に五年前から関教授も加わり多方面から助言をいただいている。

しかしながら、長期にわたる具体的な技術指導までは踏み込めなかった。

技術の上達は、客観的なものさし、つまり資格で判断するとしたら、二級の技能検定合格を目指す講座を柏崎技術開発振興協会にて実施出来ないかと、行政も基盤技術の継承には関心を持ち、積極的に支援を申し出ていた。

幸運はひょんな所からやってくる、昨年秋頃から具体的に技術レベルの向上を行うカンフル剤を探していた時に、上越テクノスクールの校長先生だった藤田昇氏から、こんな一言を聞いた。「私は今年限りで早期退職します、地元の柏崎に戻って工業関係に携わる仕事を探します」。これだと思い、市の竹内氏と共に交渉を進めた。こちらの気持ちが伝わり、二〇〇六年春から、常勤の協会嘱託職員として働いてもらうことになった。

藤田氏は、現場の声に耳を傾けながら「ものづくりマイスターカレッジ運営委員会」を二〇〇六年五月に立ち上げた。会長には、自社内に特級五人を始め一級・二級合わせて三五人の技能士がいる㈱酒井鉄工所（自動車関連部品加工・従業員七七人）酒井好道社長が就任した。社長は、業界の技術向上の必要性やNC旋盤・NCフライス盤の受講が多いなど適切なるアドバイスを与えた。藤田氏も精力的に業界動向など情報収集し、新潟工科大学・柏崎工業高校とも連絡を取りながら準備を進めた。

構想がまとまり、八月には周知チラシを工業関係事業所に配布し参加を呼びかけた。コースは三コース（NC旋盤コース、NCフライス盤コース、知識習得コース・定員は各コース五人の計一五人）。毎週一回夜六時半～八時四五分の二時間、一年間延べ四八日間の長期間研修である。講師は、新潟工科大学の教授、柏崎工業高校の教諭、実技は市内工場に勤務する熟練技能士に依頼した。

そして九月六日、ついに柏崎独自の技能検定育成講座「マイスターカレッジ」がスタートした。開講にあたり柏崎技術開発振興協会長であり、柏崎商工会議所会頭の松村保雄会長は、次のような挨拶を行った。「ご承知のように柏崎の工業は、切削加工、製缶、メッキ、金型、溶接などの基盤技術がしっかりした、ものづくりの集積のまちであります。これらの基盤技術が柏崎の宝であります。マイスターカレッジは、この技術の基本について一年間学習し、技能検定の二級相当の技能と知識を習得することを目的としています。第一期生の皆様、来年の八月までの一年間という長い期間、毎週一回仕事が終わった後ここに集まり約二時間、専門科目や実習を学ばれるわけです。皆様が柏崎の基盤技術を支えているんだという自負をもって、自分自身の技術や知識のレベルアップを目指し、切磋琢磨されることを期待しています」。

受講生は市内の中小企業一三社から予想以上の二六人もの若手工員が参加した。関教授が「他がいやがる中・大物加工を積極的に取り入れ受注を増やしている」と言わせしめた㈱ヤマテック（社長山田勝・従業員二二人）はなんと四人も送り出してくれた。

この新たな試みは、柏崎市と業界そして柏崎商工会議所の連携により、国や県の助成を受けずに単独で踏み出したものである。二〇〇六年から二〇〇七年に向かって、柏崎工業界にとって画期的な一ページとなる予感を感じさせる。

二〇〇六年度、若手ものづくり見聞塾、開催中

ものづくりにこだわり人材を育てる。とりわけ関教授が強調する後継者を育てるには、継続して刺激を与え続けることが大切である。今回で三回目にあたる二〇〇六年度のものづくり後継者塾は、「若手ものづくり見聞塾」と称して六回シリーズ（九月スタート、一二月終了予定）で開講した。二〇〇四年度のメンバーと重複もあるが、新たな後継者も九人参加し、総勢一八人でスタートした。

今回は関教授と丁々発止に渡り合う柏崎では数少ない若手社長の一人、㈱キムラテクニックス（各種機械加工・従業員八人）木村孝吉氏がリーダー役を務めて会を引っ張ってくれている。

一回目は、「古きを温ねて新しきを知る」の諺通り「柏崎の工業の歴史と課題」について、長岡大学の松本和明助教授を講師に招き、研修した。江戸時代末期から明治中期まで、柏崎は油田景気に沸いた。特に日本石油の創業者内藤久寛氏は柏崎西山の出身であり、その先見性は日本でも屈指であった。石油採掘を投機的事業からビジネスとして確立させ、いち早く一八八八（明治二一）年には有限責任日本石油会社を設立した。一九一五（大正三）年、本社が東京に移るまで二七年間柏崎に本社が置かれ、その後も製油所の基地として昭和初期の時代も繁栄が続いたのであった。

また現在の㈱サイカワの二代目西川弥平治氏も、この時代に柏崎の工業の基礎を築く貴重な働きをする。それは、石油採取にアドソールを活用する手法を㈱リケン創始者大河内正敏氏に持ち掛け、昭和初期の柏崎進出のきっかけ作りを行った。そこから柏崎工業の近代化が始まったといっても過言ではない。振り返ってみても、このような先人たちの発想や活動のダイナミズムは、塾生にも大いに参考となったはずである。

第三回目は「産学連携の進め方について」、新潟工科大学の佐伯教授が講師となり、産学連携の手法についてわかりやすく説明した。佐伯教授曰く「産と学の結び付きには、接着剤が必要である。柏崎市

写真６―４　ものづくり見聞塾、２回目工場見学／㈱アドバネクス

並びに商工会議所の工業担当は互いに協力して、この事業に関して熱心にアドバイスを行っている。それに感化されて、うちの大学と柏崎の工業界は実に良い関係だと考えている。これからはさらにこの地域の現状を知ることに努めていく」と冒頭説明し、共同研究の進め方や、注意事項、契約の重要性など、具体例を出して話をしてくれたのである。

さて当地区工業界は、意外に他工場を見る機会が少ない。ややもすれば隣の工場さえよく知らない。今回は見聞塾の名の通り、他工場を自分の眼で見てみようと六回シリーズの半分を工場見学に費やすことにした。柏崎に主力工場がある大手工場を三回に分けて六社程度研修することを企画した。

第二回目は、精密バネのメーカー㈱アドバネクス柏崎工場と、事務機・環境機器メーカー柏崎シルバー精工㈱の工場見学を行った。それぞれに特

色ある工場を、塾生たちは熱心に廻った後、活発な意見交換を行った。その後、工場内の５Ｓや改善活動を見て、中小でも出来ることを素早く自社工場に応用した企業もあった。

またこのメンバーで、長井市の第二回若手企業人シンポジュウムに参加すべき準備を進めている。関教授のものづくりＤＮＡを引き継ぎ、このような工業界後継者育成塾はこれからも継続して開催していくつもりである。

4　柏崎の行方

地域に活力を与え、中小企業に自信を持たせる「第二回目　工業メッセ開催」に向けて

二〇〇三年、諏訪圏域の工業メッセに大きなヒントをもらい、一念発起し「柏崎工業メッセ二〇〇四」（二〇〇四年一〇月八〜九日）を開催した。

初めての試みで、山田一誠実行委員長のもと工業界一丸となり、無我夢中で取り組んだ。結果は予想以上の来場者（二日間約一万二〇〇〇人）があり大盛況であった。五四事業所の参加があり、市民多数が訪れてくれたのである。台風まで呼び込むハプニングがあったりしたが、二〇〇人規模の交流会は首都圏からの企業も多数参加があり、地元業界から高い評価を受けた。そして、このメッセは継続させようという声が業界から沸き起こり、三年に一度開催することに決まった。

既に前回の反省から、二〇〇七年工業メッセ開催に向けて業界・行政・会議所・大学等関連機関で昨年の春からメッセ実行委員会を立上げ、準備を進めている。ここでも中心となって活動するのは青年工

写真６―５　メッセ2007に向けて、青年工業クラブはエアートレーン試作中

業クラブである。今回、クラブ役員は二年程前から準備に取り掛かっている。蒸気機関車ではなく、エアーで動く機関車を当日会場で走らせる。二軸と三軸の二台を作成し、会場にきてくれた子供たちが喜ぶ姿を想像しながら、月に何度か集まり会合と試作を行っている。

私は若手後継者、意欲的な経営者などの意識改革を繰り返し地道に行っていくことが、人材育成につながっていくと考えている。私どもは人材育成を最も大切な事業の一つと位置づけて、力を注いできた。人材育成事業はなかなか目に見えて効果がでてくるものではないが、外部からの刺激を有効に活用しながら、業界、商工会議所、市との緊密な連携のなかで、一つひとつ積み上げていくことである。

最後に、どちらかと言えば柏崎の工業人は、コシヒカリのようにねばり強いが個性派揃いで、新しいものには飛びつかない頑固者が多いと言われている。そんな中、ラフで大学教授らしくない風体でありな

がらズバッと懐に入り込み、工業界の中堅・若手に新風を吹き込んでくれた関教授には、素直にお礼を申し上げたい。

さらに、今は農産物と格闘して汗を流している柏崎市の竹内昇平氏が、先生との最初の出合いを演出してくれたことを感謝しながら、この工業振興の裏方として、若手の柏崎市近藤拓郎氏や片桐武彦氏、当所の阿部一昭がしっかり引継いでくれていることを申し添えて終わりにしたい。

第七章　「志」の高まりとネットワークの拡がり
──たかおか地域活性化研究会（高岡市）

須田稔彦

高岡市は、北陸地方富山県の西部海沿いに位置し、面積約二一〇平方キロ、人口約一八万三〇〇〇人であり、富山県内第二の都市である。歴史は古く、奈良時代の代表的な歌人・大伴家持が国守として伏木に赴任、数多くの歌を詠んだことで「万葉のふるさと」として知られている。その後、幾多の変遷を経て江戸時代には商工都市として栄え、以来、今日まで、日本海沿岸を代表する工業都市として、また、富山県西部の中核都市として発展を遂げてきた。古くは銅器・漆器の伝統産業に始まり、現在では、銅器の鋳造技術等を基礎としたアルミのほか、化学・薬品、紙・パルプなどの基幹産業が高岡市の経済に大きく貢献してきた。

1　研究会の発足と理念

バブル崩壊後、重厚長大な各種産業は縮小・停滞し、また、企業の生産拠点の海外移転による国内産業の空洞化、後継者難など、産業界は大きな転換期を迎え、新たな地域産業政策が求められていた。こうした中、高岡市では産業振興の新たな方針として『新高岡市産業振興プラン』を作成したが、このとき、地域企業の活性化には人材の育成、特に将来の高岡の経済界を担う後継者の育成が不可欠であることを改めて認識させられた。

このことから、本市産業の現状に危機感を抱いていた当時の商工労働部長の野村一郎氏が発起人となり、地域産業論を専門とする一橋大学大学院商学研究科教授の関満博氏、元オフィスアルカディア推進協議会委員であり、現在はNPO法人社会開発基本問題研究会常務理事である石井丈吉氏とともに、二〇〇三年四月、若手経営者・後継者の育成を目的とした「たかおか地域活性化研究会」を発足させたのである。構成メンバーは、製造業を中心とした三〇歳代の若手経営者・後継者に加え、市職員、商工会議所職員および地元金融機関職員であった。

本研究会は、①企業の若手経営者・後継者の育成、②将来の本市経済界のリーダーの育成、③産業界を共に盛り上げていく市職員、商工会議所職員、金融機関職員の意識の向上、の三点を狙っている。財務、人事労務、経営管理等については、近年、多くの団体がセミナー、講習会等を行っているので、それらを十分活用していただくことにし、本研究会では、あくまでも「個人の意識の向上」と「人的ネットワークの構築」を目指している。

会においては、会員相互の討論と意見交換に重点を置き、考え、発言する力を養うことにしている。また、本市と同様に後継者育成に取り組む地域との交流を深めることにより、会員自らネットワークを拡げ、ビジネスに活かすとともに、刺激を受け合い、互いの活性化を促進することを目指している。ここで学んだこと、感じたことをどう活かすかは、もちろん、会員自身に委ねられている。

写真７―１　関教授の講義を受ける研究会会員

2　研究会の活動内容

運営体制としては、指導者として、主任講師に関満博氏、講師に石井丈吉氏、事務局は高岡市工業振興課が担当している。主任講師は年三回程度来高し、会員に対し、国内外の産業界の最新情報の提供や、指導・助言のほか、「志」の注入を行っている。講師は事務局と主任講師との連絡調整を行うほか、会員や事務局に対し指導・助言を行っている。事務局は、指導者と会員との連絡調整を行い、カリキュラム作成、開催日程調整、会場準備、会議の進行等、会の運営における庶務を行うほか、簡易な議事録を作成し、指導者および会員に配布している。

また、「活性化研究会憲章」なるものを年度当初において作成し、本研究会の目的、連絡方法、活動成果物についてなど、基本方針を定めている。

表7―1　たかおか地域活性化研究会憲章

＜平成18年度たかおか地域活性化研究会憲章＞

1　会の名称	たかおか地域活性化研究会
2　会に対する要求事項	将来の高岡市産業界の推進役となる若手経営者等の育成
3　目標	会員の経営資質等の向上 ●本研究会期限内に、本研究会を通して得たものについて ①自社で新しい試み又は改善を行う。 ②他者と共同で新しい試みを行う。
4　事業（活動）内容	●毎月1回、テーマ（問題提起）をもとにしたディスカッションを行う。 ●テーマは、ものづくりを中心とする高岡地域産業の活性化策等について討議する。 ●指導者の講義を受ける（産業における最新情報の提供）。 ●地元企業の視察を行う。 ●県外企業等の視察及び交流会を行う。 ●会員の合意のもと、自主勉強会を開催する。 ●年間スケジュールは、別に定める。
5　会の期限	平成18年4月28日～平成19年3月初旬
6　成果物	1年間の研究（研修）結果レポート
7　成果物提出期限	平成19年2月下旬
8　会組織体制	平成18年度　たかおか地域活性化研究会会員名簿のとおり。
9　研究会構成員の権限と責任	平成18年度　たかおか地域活性化研究会会員名簿のとおり。 1　指導者 (1)　主任講師 ●事務局と連携し、会員に対し、産業における最新情報の提供、指導・助言を行う。 (2)　講師 ●主任講師及び事務局と連携し、地域の最新情報の提供、指導・助言を行う。 ●事務局と主任講師との連絡調整等、本研究会の運営における庶務を行う。 2　会員 ●会の運営等について、積極的に参画するとともに、事務局に対し積極的に協力するものとする。 3　事務局 ●指導者と会員との連絡調整を行い、カリキュラム作成補助、会場準備、開催日程調整等、会の運営における庶務を行う。 ●簡易議事録を作成し、指導者及び会員に配布する。
10　コミュニケーション計画	1　コミュニケーション手段 ●情報手段としては、口頭、PCメール、携帯メール、電話及びFAXとし、原則PCメール及びFAXとする（ドキュメントとして残す）。 ●会員は、週1度以上必ずメールをチェックし、返答が必要な場合、速やかにこれを行うものとする。

	2　本研究会の開催日程・協議事項等 ● 事務局員は、講師及び関係者と連絡調整する。 ● 事務局員は、原則開催日の 1 ヶ月前に指導者及び会員に対しメールで行うものとする。 ● 会員はメール受理後、2 週間以内に事務局に対しメール及び FAX で必ず返答をする。 ● 会員は、会を欠席するときは、必ず事務局に理由等を説明するものとする。 ● 会議における決定事項等の確認及び会議の欠席者への会議概要等の連絡については、会議終了後、事務局が 1 週間以内に簡易議事録を作成し、指導者及び会員に送付する。 3　カリキュラム及びスケジュール進捗管理 ● 指導者は、事務局と連絡調整を密に行い、カリキュラム及びスケジュールの変更の必要があるときは、これを速やかに行う。 ● 事務局は、スケジュール変更があったときは、会員に対し速やかに通知する。 4　自主勉強会 ● 会員が自主的に開催する勉強会については、事務局及び指導者に、直近の研究会において、概要の報告を行う。
11　制約条件	● 会議の日程は、主任講師の日程を最優先する。
12　成果物の公表	● 年度末の本研究会閉講式において公表する。 ● 高岡地域産業戦略会議において概要の報告を行う。

これは、行政が本研究会の位置づけを明確にしていなかったことなどから、本研究会発足後しばらくは「行政は我々に一体何を求めているのか」と会員が混乱したことを踏まえ、作成したものである。この「憲章」により、基本的事項が共有できるとともに、方向性がブレそうになるときは常にここに立ち返り、確認することができるようになった。

活動内容については、原則毎月一回、月初めの週末に開催することとし、産業振興に関するテーマを設けたディスカッションを行うほか、市内企業の工場視察や、本市と同様に後継者育成に取組む県外地域への視察・交流等を行っている。また、会議終了後、懇親会を必ず行っているが、結束が固まる良い機会となっているだけでなく、ここでも産業振興やまちづくりに対する議論が熱く展開されている。年間スケジュールについては、年度当初に大まかなものを立ててはおくが、臨機応変にバンバン変更している（会員から苦情は出てはいない）。

最終的な活動成果物として、会員各自がレポートを提出することとなっているが、本市の産業活性化、自社の企業戦略など、テーマを自ら定め執筆し、さらに、会の最終日に発表することにしている。

3 元気な若手経営者

本研究会の会員については、地元の各産業業界に会員派遣をお願いしているわけではなく、公募制をとっている。会員は、多忙の中、時間を割いて自らの意思で会議等に来るわけであり、その意識は非常に高く、前向きであり、こちらとしてもいい加減なことはできない。かなりのプレッシャーがかかるが、産業振興に携わる者にとって、このような前向きな若手経営者の方々と接することができることは、大変ありがたい事である。今回は、その中のうち、三人の会員及び卒業生を紹介したい。

肝っ玉母さん社長——藤重嘉余子氏

二〇〇三年度、本研究会は岩手県花巻市の起業化支援センターを視察したが、この視察において、一人の女性経営者が急に目覚め、一気に全国に羽ばたいて行った。㈱マーフィーシステムズ代表取締役の藤重嘉余子である。制御系ソフト開発を得意とするが、日本昔話を複数の外国語で翻訳したデジタル絵本、圧力センサーを用いて心拍数や呼吸数を自動で取得・蓄積し、対象者を看護・介護しやすくするシステムの開発など、ＩＴを駆使し、幅広い事業を展開している。

彼女は、この視察において、人生が大きく変わったといっても過言ではないであろう。花巻市起業化支援センターのインキュベーションマネージャーで、今やカリスマと化している佐藤利雄氏の人柄に惚れ込み、富山で挫折した産学官連携を実行すべく、当支援センターへの入居をわずか一時間ほどで即決したのである。また、視察前までは、彼女は、周囲からの誤解等を避けるため、新聞の取材等は断ってきたとのことであるが、花巻の支援センターの入居者で、彼女と同じ母親であり、主婦でもあり、社長でもある女性経営者から「タダの広告媒体は極力有効活用すること」「自分を捨て去ること、動じないこと」「旦那さんには、自分の一番の応援者になってもらうこと」との助言を受け、それ以降、積極的に前に出るようになった。また、行動範囲も劇的に広がり、研究会の視察等を足がかりにネットワークを次々と拡げ、日本全国を飛び回るだけでなく、フィンランドなど諸外国へも足を伸ばしている。車の運転は、八時間はへっちゃら、睡眠時間は平均して四、五時間程度。なんとも凄い。

彼女の活躍ぶりは、関教授の講演をはじめ、いたる所で取り上げられているため、ここでは割愛させていただく。カラオケの十八番は「いなかっぺ大将」であることだけはお伝えしておこう。

彼女の活躍は、当活性化研究会の最大の成功事例としてあげられる。

高岡発広域連携——米田隆志氏

高岡の伝統産業である美術銅器製造業から、その鋳造技術を活かし、異分野へ進出、興味深い事業展開をしている企業がある。精密鋳造品及び鋳造塊の製造を行う㈱ヨネダアドキャストである。代表取締役は米田隆志氏（一九六二年生まれ）。東北大学大学院博士前期課程終了後、大手造船会社に就職、一九九〇年に家業に戻るも、大学院博士後期課程に編入学、代表取締役となるも勉強を続け、九七年に博士課程を卒業したという経歴を持つ。

米田氏は、そこで培った人脈を活かし、東北大学と産学共同研究により、「石灰るつぼ熔解法」（石灰るつぼや石灰鋳型をジャスト・イン・タイムに製作し、真空または不活性雰囲気での熔解鋳造に使う鋳造技法。不純物や非金属介在物の少ない鉄鋼材料が得られる、アーク炉や電子ビーム炉で熔解が困難な純クロムやクロム合金を熔解できる、融点が大幅に異なる合金なども熔解できるという利点がある）の実用化に成功した。それを足がかりに、チタンをはじめとする新合金や特殊金属の鋳造などを手がけ、さらに、「金型を用いない試作用途鋳物」という非常に興味深い事業を展開している。

従来、鋳造品を製造する際には必ず初回に金型を作成し、それを用いてワックス模型を製造しているが、この方法では、ある程度のロットがないと金型製造コストを回収できない、顧客の短納期要望に応えられないという問題があった。そこで、地元高岡の企業、東京都板橋区の企業等と連携し、迅速造形法（三次元ＣＡＤデータを元に、紫外線やレーザ光を硬化媒体に当てながら積層し造形する方法）による模型制作を高岡市のモデル製造会社が行い、その模型を用いてヨネダアドキャストが精密鋳造を行い、そして、最後の研磨等の仕上げを板橋区の加工業者が行う、というビジネスモデルを確立した。

この手法は、短納期対応だけではなく、金型を使用しないので、鋳造の利点である形状の自由度をさらに拡げるといった利点もある。この取組みは高く評価され、中小企業の最先端の取組みの一つとして、機械産業記念事業財団主催のＴＥＰＩＡ第一九回展示「ちえものづくり展～社会を豊かにする最先端技術～」でも二〇〇六年九月より半年間、紹介されている。

米田氏の語る企業理論、産業振興論については、大いに共感でき、大変勉強になる。彼の熱い語り口調につい引き込まれ、白熱した議論となる。その一方、ロックをこよなく愛し（カラオケではハードロックをシャウト。高校時代はバンドを組んでおり、アフロヘアだったとのうわさも）、子供の話になると、途端に目じりが下がる良きパパでもあるという、憎めない一面も持つ。

彼が「ものづくりのまち　高岡」の中心人物の一人となることは間違いない。

高岡をこよなく愛す——冨田昇太郎氏

アルミ建材製造の全国シェアの約三割を占める「アルミ建材王国　富山」において、建材分野と一線を画したアルミ関連企業がある。アルミ加工製品・機能フィルム製品の企画、製造、販売を手がけるホクセイプロダクツ㈱である。代表取締役社長は冨田昇太郎氏（一九六八年生まれ）。液晶ディスプレイなど、様々な分野で使用される九九・九〜九九・九九九％の高純度アルミ製品を提供できる数少ない企業である。また、湿気、紫外線、酸化、臭気から薬を防ぐための医薬品用アルミ箔、塗装鋼板などの保護フィルムの製造なども手がけ、「アルミ関連製品のトータルコーディネーター」としての役割を果たしている。

冨田氏は、慶應義塾大学法学部を卒業後、三井物産を経て、日本軽金属㈱に入社。出世街道を進み、順風満帆な日々を過ごしているにも関わらず、「これでいいのか、ふるさとで強みを発揮する生き方もあるのでは」との思いが日増しに大きくなり、父親の反対を押し切り帰高したという経歴を持つ。このようなことから、高岡を愛する気持ちは人一倍強い。ブログなどでも、事あるごとに高岡をＰＲしている。街づくりに対しても、並々ならぬ感心があり、「高岡の良さを活かしつつ、首都圏から高岡に人を呼び込むにはどうすればよいか」などと熱く議論することもしばしば。また、高岡の伝統産業の持つ技術・技法に着目し、日本軽金属時代に培った人脈を存分に活かして東京の企業などとのコラボレーションにも取り組んでいる。

冨田氏は、非常に鋭い分析力の持ち主であり、豊富な情報量を取捨選択し構築する氏の政治、経済に対する見解には感心させられてしまう。本研究会きっての「切れ者」であるが、飲み屋街では失敗談が圧倒的に多い（話を聞くと爆笑ものである）。この「落差」も彼の大きな魅力の一つである。

彼も間違いなく、近い将来、高岡の経済界を背負って立つ人物の一人となるであろう。

4　これまでの主なイベント

研究会では、企業視察やディスカッション以外に、様々なイベントを行っている。ここでは、思い出深いイベントをいくつか紹介したい。

深圳テクノセンター大運動会参加

二〇〇四年度最大のイベントは、何と言っても中国の深圳テクノセンター大運動会への参加である。

深圳テクノセンターとは、深圳郊外に設立されており、中国へ進出する中小企業に対し、工場を賃貸するとともに、中国ビジネスのノウハウ、金融相談等、多岐にわたりサポートを行うなど、中小企業の駆

写真7—2　深圳テクノセンター入居企業

け込み寺となっている施設である。

近年、中国は「世界の工場」から「世界の市場」としての地位を確固たるものとし、経済は中国を抜きには語れなくなっている。また、関教授より常日頃中国のものづくりの最新動向をさかんに聞かされ、我々一般の日本人が持つ中国のイメージとはまったく異なる実態を聞かされていたことから、本研究会でも視察隊を組み、会員に自分自身の目で確かめてもらう必要があるのではと考えていた。そこで、関教授から、「一一月開催の深圳テクノセンター大運動会に、研究会も参加してはどうか。あのすさまじい熱気を一度肌で感じる必要がある」との打診を受けたときは、まさに渡りに船であった（もっとも、運動会ではなく、テクノセンター視察に興味があったのだが）。しかし、経費等の問題もあったため、研究会の正式なカリキュラムではなく、有志で行くこととし、八人が参加することとなった。

視察行程については、まず、テクノセンターにおいて、センターの概要、中国産業界の最新の動向等の説明を受けた後、入居企業の久田、宮川香港有限公司、モリテックス、山武、ピーチジョンの五社を視察させていただいた。夜は、入居企業の従業員との懇親会の後、同じくテクノセンター視察に来ていた若手経営者・後継者の勉強会である「りそなマスターコース」および「フロンティアすみだ塾」とともに視察団の大交流会に参加。そして翌日に、テクノセンター大運動会に参加した。

紙面の関係上、詳しい内容等については割愛させていただくが、中国のすさまじい熱気、恐るべきパワーを肌で感じ、その躍動の源である従業員のひたむきさ、勤勉さを目のあたりにし、大きな衝撃を受けた。同行した会員も口々に「やはり聞くのと見るのとでは違う。実際にこの目で見て、中国の現状・レベルがどのようなものかがわかった。本当に来てよかった。今後のわが社の企業戦略について大変参考になった」と述べている。視察行程では世話役（引き受けた覚えはないのだが？）である私の不手際により、トラブル続きの珍道中となったが、実りの多い視察となったことは間違いない。

関ゼミナール夏期合宿受け入れ

二〇〇五年度では、本研究会の主任講師の関教授が一橋大学で受け持っているゼミナールの夏期合宿を受け入れたことである。この合宿は、地方都市の企業約二〇社を三日かけて調査・分析し、その地域の産業振興戦略を提案するというものである。

受け入れを決めたのはよいものの、関教授から高岡市に対し、合宿受入要請があったのは四月であったため、当然、予算計上はしておらず、また、合宿開催時には、課内にもう一つ大きなイベントを抱え

写真７―３　一橋大学関ゼミ生　島尾キャンプ場にて

ていた。そのため、合宿受け入れに投入できる人員が限られるなどの厳しい制約条件があり、事務局だけでの対応は難しいものと思われた。さらに、ただ単純に合宿受け入れをするのでは面白くない、どうせ受けるなら、他の受け入れ地とは違った色を出したいと考え、受け入れスケジュール作成や実行については、本研究会も全面的に関わることにした。

実際には、事務局が作成したスケジュール案に対する助言のほか、①工場を持つ会員は視察を受け入れる、②合宿受け入れの貴重な収入源である関教授のセミナー開催を企業・団体に開催してもらうよう働きかける、③新聞、テレビ局等マスコミ関係者に合宿の取材を依頼する、④学生との積極的な交流を行う（飲食代支払いも含む）、などの事を行ってもらった。さらに、学生たちの良き思い出となる合宿打ち上げのバーベキューにおいては、材料の仕入れから仕込み、墨起こしまで、すべて仕切っていただいた（学生たちの満足度については、写真から判断いただきたい）。

本研究会にとって、この合宿受け入れは、①合宿参加者に、高岡には元気で優れた若手経営者がいることを強く印象づけることができた、②研究会卒業生と現会員との交流が図られた、③意欲ある優秀な学生と接し、大きな刺激を受けた、④一つのことを会員全員で成し遂げたという達成感が得られた、などの大きなメリットがあったと思っている（特に、②と④が良かったと考えている）。

フロンティアすみだ塾合宿受け入れ

二〇〇六年度は、本研究会と深い交流がある墨田区の若手経営者・後継者勉強会の「フロンティアすみだ塾」の合宿を受け入れた。二〇〇五年度に本研究会の合宿を墨田区に受け入れていただいたお礼でもある。今回も、ちょっと趣向を凝らし、地元企業視察、交流会に加え、①ものづくり（鋳造）体験、②「万葉集全二〇巻朗唱の会」参加を盛り込んでみた。

①についてであるが、高岡市では、児童、生徒の地場産業への理解と愛着の醸成を図るため、市内全小・中・養護学校において銅器・漆器の製作体験を中心とした「ものづくり・デザイン科」を設け、二〇〇六年度より実施しているが、その中核施設として、高岡地域地場産業センターを新たに位置づけ、鋳物体験工房や漆器体験工房を整備した。これにより、誰でも気軽に鋳物、漆器製作体験が出来るようになった。そこで、墨田の人たちにも錫製花器を実際に鋳造してもらうことにより、高岡の産業に対する理解を深めてもらおうとの発想である。

②の「万葉集全二〇巻朗唱の会」とは、「万葉のふるさと・高岡」にちなみ、毎年、一〇月の第一金曜、土曜、日曜の三日間、公園の中の大きな池に水上舞台を設置し、その上で万葉集全四五一六首を三昼夜連続で詠い継ぐ（もちろん真夜中も）という、摩訶不思議なイベントである（今回で一七回目となった）。これに参加してもらい、産業だけでなく、文化にも触れていただき、よりいっそう高岡を理解していただこうという、欲張りな狙いである。この朗唱の会では、万葉衣装（当時の人びとが着てい

写真7―4　「万葉集全二〇巻朗唱の会」にて

たらしい）に着替え、水上舞台のマイクの前で詠うと、何とも言えない高揚感が体験できる。昨年は本研究会で参加してみたのだが、大好評であった。会員きってのアイデアマン、三和運輸㈱の浦野征一郎氏から「これに墨田の人たちも招待したらどうか」と提案があったことを思い出し、本来、一〇月第二週であった視察日程を、あえて変更していただいた。

この新しい試みの結果は、大成功であった。視察中の天気は、あいにく、金、土と雨風、しかもときおり強く降るという、かなりの悪条件ではあったが、朗唱の会については、水上舞台の独特の雰囲気を大いに気に入られ、「良かった！楽しかった！」と絶賛。また、鋳物体験では、「これは、はまる！」「子供と一緒にやりたい！」との声が続出。苦労して作り上げた「自分だけの花器」を見て、大変満足そうな表情をされていた。個人的には、前からの持論である「銅器・漆器のものづくり体験は絶対にうける！」が立証できたものと考え、一人喜んでいる。

5　今後の研究会と将来の展望

本研究会の今後の大きな課題としては、①会員構成、②運営方針、③運営主体の三点があげられる。

①については、本研究会は「製造業を中心とした、若手経営者・後継者」かつ「熱意のある人」を求めている。しかし、そのような人は、既に自社の事業を発展させるべく社外を飛び回っているか、もしくは青年会議所など他の団体で懸命に活動していることが多い。よって、広報紙、HP、チラシ等でも積極的にPRを行い、各種団体や本研究会の会員にも依頼しているが、なかなか入会の反応が無い。かと言って、人数合わせのため無理に会員になってもらうのは、会にとっても、本人にとっても良い結果にはならない。このような会では、やはり会員の確保が最大の課題であろう。

②については、現在、本研究会は、勉強会との位置づけであるが、「単なる勉強会では物足りない、もっと実効性のあるものを」との会員の声もあった。これまでの会員の活動報告レポートから、市の産業施策に対する提言がいくつかあがっていたが、現時点においては、実行には至っていない。特に各種業界の代表でもない若手経済人からの提案に対し、行政としては、その提案をどう位置づけし、どのように生かしていくのかを考えておく必要性がある。

③については、近年、民間団体においても、人材育成塾が増えてきており、行政が行う必要性は薄れつつある。そこで、実施主体としては、民間、NPOなどが考えられるが、「人財」は高岡市の経営資源で一番重要なものであり、運営主体がどこであれ、行政は運営費助成以外にも、体をかけ、積極的に関わっていくべきと考える。その関わり方について、十分検討すべきであろう。

研究会の可能性

市としては、会員の方々に対しては、自社をどんどん成長させ、リーディングカンパニーとしてそれぞれの業界を引っ張っていってもらいたいと考えている（もちろん、雇用促進、法人税等も大いに期待している）。ただ、それだけではもったいない。以下は筆者の「願望」である。

本研究会の会員は、経営者としての鋭い見方のほか、自ら実行部隊となるなど行動力にも長けている。会員および卒業生の中から、市の各種委員会、審議会等に委員として参加し、市の施策立案に大きく関わっていただきたい。現在、会員では、藤重嘉余子さんが「たかおか観光戦略ネットワーク」委員と「高岡市商工業振興委員会」委員に、冨田正太郎氏が「高岡市総合計画審議会」委員となっている。今後、さらに増えていけば、と期待している。

また、先述のとおり、本研究会では「個人の意識の向上」と「人的ネットワークの構築」に力を入れているが、個人が成長し、志が高くなろうと、それは点でしかなく、点と点をつなぎ、面とすることで初めて大きな変化が現れる。高い志を抱く者同士でネットワークを拡げ、刺激的な関係を形成し、大いに熱くなっていただきたい。しかし、それ以上に期待することは、自らが周りを熱くさせ、志を高く持たせるような「火付け役」となっていただくことである。そしてどんどんネットワークを拡げ、連結していただきたい。志が高い人間がどんどん増え、ある一定の数、臨界点に達したとき、次々に連鎖反応が起き、高岡が熱くなる。後は放っておいてもよい。勝手に次々とネットワークが拡がり、活性化するのだから。

その時が来るのを楽しみに、色々な方々と交流し、ご指導いただきながら、自己研鑽を重ね、今後とも高岡の産業振興に少しでも寄与できるよう、鋭意努力していきたい。

第八章　燃えろ！「一石塾」

――先人の遺志を継いでスタート（北上市）

石川明広

岩手県の中心から少し南に位置する北上市は、「企業誘致のまち」として知られている。

北上市は、もともと、産業といっても農業が主体で、農家の次男・三男は仕事場を求めて地域から出て行ってしまう所であった。地域の未来を心配する地元の人びとは、「地域を発展させるには、産業の振興が不可欠である。今後飛躍的に伸びていく製造業の工場を誘致すれば、産業と雇用が一気に生まれる。工業がリードしながら、工業・商業・農業がバランス良く発展することが望ましい」との思いを強く抱いていた。

その第一歩として、当時の地域の中心である黒沢尻町が工業高校の誘致に成功し、同じ思いを抱く一町八村により「工場誘致促進協議会」を結成した。一九五四（昭和二九）年、そのうち一町六村が、「工場誘致を一致団結して進めるために一つの市になろう」という理念のもとに合併してできたまちが北上市である。工業に対する思いが地域の結束を強め、新市発足へと動いたのである。

九一年には、当初、合併に加わらなかった二村とも対等合併を行った。トップセールスを中心とした戦略的な工場誘致活動を続けた結果、市が所有する八つの工業団地のほか、流通基地、産業業務団地（総面積六四〇ヘクタール）に約二五〇社が立地する一大産業集積地となった。

その後、市基盤技術支援センターや岩手大学工学部付属金型技術研究センターの設置、市への要望をうかがいに市長等が企業訪問をする等、立地後のフォローアップにも力を注いでいることもあり、工場の統廃合が進む最近の状況下でも経営不振による撤退企業も無く、本社を北上に移すなど、むしろ拠点化されている。しかし、全国的にも問題となっている「産業の空洞化」「技能継承の難しさ」「ものづくり、起業に無関心な次世代層」という不安材料に立ち向かって行く必要が生じて来た。

そんな中、北上市総合計画をはじめ、工業振興計画、次世代育成支援対策行動計画などを策定し、行政・企業・住民が一体となった地域づくりに動き始めた。今回は、その一つである地域の若手経営者や行政担当者が地域産業振興を研究し、考える場である「一石塾」について、ご紹介したい。

1 「一石塾」の起こり

二〇〇二年三月、ある会議の二次会の場で一橋大学大学院の関満博教授（北上しらゆり大使、北上市工業振興アドバイザー）と市商工担当者が懇談をしていた。その中で、関教授は、「北上も企業誘致で成功はしたけれど次が見えていない。石川洋一さんの次の人材が育っていない。」とカラオケの合間に話を続けていたそうだ。

その場で、市担当者から、「関先生を塾頭として、北上の今後の産業振興施策を研究するとともに次の人材を育成したい。」というお願いをした。後日、市担当者でディスカッションをし、是非、若手育成塾をやろうということになった。ネーミングにあたっては、市の産業振興に功績のあった故石川洋一さんの次の人材を育てるのだから、彼の名前から取ったらどうかとなり、洋一の「一」、石川の「石」、それに「一石を投じる」という言葉を掛けて、「一石塾」が良いとなった。

関教授は、「北上市の先人達が、どんな思い、どんな行動で工業都市きたかみを築きあげたのかを、今の若い連中に伝えたい！」という思いもあったのだろう、快く塾頭を引き受けていただいた。

第一ステージ　「一石塾」開講――これからの工業振興への提言

選抜された塾生は、行政が八人、産業支援機関が一人、民間企業が七人（うち四人が後継者、三人は起業家）の計一六人であった。

第一回目は、「さあーやるぞ！」とモチベーションを高めることと塾生の交流を目的として一泊の合宿方式とした。ここで塾生が学んだことは、北上市が昭和に合併し工業都市への道を歩み始めた頃の行政や地域の方々の熱意と行動であった。塾生は先人の熱意と行動に感激し、地域の若者にその話を聞かせたいと情熱的に語っていたことが印象的であった。この夜は、それぞれが部屋に帰ってもすぐ寝ることは無く、さまざまな議論をしていたようであった。ただし、相当、酔いもまわっており、何を話したのかさっぱり覚えていないという者もいた。ただ、みんなが「北上の未来」に強い思いを寄せ始めたという感じが強く残った。

その後、先輩達の講義とディスカッションを経て、第三回目には、三鷹市と相模原市への研修視察を行った。三鷹市では、内閣府「地域産業おこしに燃える人」に選出された関幸子さんが迎えてくれた。私が一番印象に残った言葉は、関幸子さんが発する「三鷹らしさ」という言葉であった。例えば人であれば、一つの行動・こだわりに良くも悪くも「○○さんらしい」と言われることをすべきで、それが人

表8—1　北上ひと・もの・ゆめづくり講座「一石塾」開催概要

1　目的

北上市は、昭和30年代から全国に先駆けて内陸型工業団地の整備に着手し、企業誘致を起爆剤とした産業振興を推進し、企業誘致の「模範」(「北上方式」として紹介) とされてきたところである。

しかし、長期にわたる景気低迷等を反映した、全国的な設備投資の減速及び生産活動の低迷の影響は、当市にも例外なく押し寄せており、新たな産業振興のための方策を検討すべき時期に差し掛かっている状況で、国・県の地域産業政策も「企業誘致型から起業家育成等内発型振興型へ」と転換してきているところである。

こうした状況を踏まえて、当市の貴重な地域資源であり、次世代の産業振興にチャレンジ・リードする「ひと (人財)」の育成を通じて、「ものづくり (中小製造業)」や「ゆめづくり (起業家・ベンチャー企業)」の育成・発展を推進するため集中講座「一石塾」 を開催するものである。

2　主催

北上市・㈱北上オフィスプラザ

3　塾頭及び塾生

(1)　塾頭：一橋大学大学院商学研究科教授　関 満博氏
　　　(北上市工業振興アドバイザー・北上しらゆり大使)

(2)　副塾頭：㈱監査システム技術開発研究所代表取締役　三田 豊氏
　　　(北上市工業振興アドバイザー・北上しらゆり大使)

(3)　塾生：行政—8人、産業支援機関—1人、民間企業—7人　計16人

4　日程と内容

第一回：平成14年6月13日～14日　テーマ「地域産業の未来」
　　塾生がレポートを事前提出し、塾頭の講義とディスカッション

第二回：平成14年7月29日　テーマ「先輩が語り、先輩と語り合う」
　　前北上市長である高橋盛吉氏を迎え、講義とディスカッション
　　副塾頭講義「工業振興への道～これからの経営環境とは」

第三回：平成14年10月24日～25日
　　テーマ「まちづくりに燃えるまち」
　　三鷹市まちづくり三鷹、さがみはら産業創造センターの研修視察

第四回：平成14年12月12日
　　テーマ「新たな集積拠点を目指す北上地域の取組みについて」
　　産学官連携・異業種連携グループ「北上ネットワークフォーラム」の副代表である鈴木高繁氏の講義とディスカッション

第五回：平成15年2月4日
　　テーマ「これからの北上市の工業振興施策について」
　　塾頭・副塾頭とのディスカッション

5　成果品

(1)　新たな産業振興のアイディアに関するレポートの作成

(2)　「北上市工業振興計画」への反映

6　事務局：北上市商工部商工課

写真８―１　三鷹市での講義。講師は関幸子さん

固有の存在を高めるものであると思う。これを地域づくりや産業振興のキーワードにするということは、単に他市のモノマネをするのでなく、いままで培った都市基盤・環境・資源・人などをより良く活用しながらも発展的変化をするということなのだろうか。

現在、北上市では、毎年、地域企業を市三役等幹部職員が一〇〇社訪問し、あらゆる要望を聞いて対応するというフォローアップ事業、地域企業が研究開発や新事業に取り組み易い環境の整備（大学の研究機関の誘致、レンタル工場、研究補助金等）を行っており、「企業誘致のまち」として立地後もお世話を続けている「北上らしい」事業だと自信を持って言えるようになった。

第四回は、地域の企業連携グループである北上ネットワーク・フォーラム（K．N．F．）の副代表を務める鈴木高繁氏（㈲K・C・S代表）の講義で、「まちづくり、人づくり、企業づくり」を中心に話していただいた。鈴木氏は、企業の北上進出と

共に北上に定着した方であるが、その話には北上という地域への熱い思いが感じられた。現在、鈴木高繁氏は、岩手県工業技術集積支援センターの技術アドバイザーとして地域の同業者をまとめることで一括受注を受ける等、地域産業の振興に高い成果を出しておられている。

さて、第五回は最終回となり、塾頭、副塾頭のお出ましとなった。終日、ディスカッションを行った。結局、何をするにしても人材育成が大切で、特に地域への思いとやる気に満ち溢れた若手を育てていこうとなり、このような「一石塾」を大事にしようとなった。とりわけ、関塾頭からは民間人を多くし、元気な女性を含めて、この「一石塾」は続けるべきと進言があった。

2　第二ステージ　中国の現場視察を開始

二〇〇三年からは、スタイルを変えて「一石塾」を行うこととなった。それは、二〇〇二年度の「一石塾」講義の中で、日本のものづくりに多大な影響を持つ中国事情の話からである。講義の中で、関塾頭は、「塾生の中で中国の『東莞』地域に行ったことのある人はいますか。今、東莞を見ないで製造業は語れない。あれを見て、どうするか考えなきゃしようがないでしょう。とにかく普通の電気・電子の組立が日本に残るわけがないです。だから北上がこのまま製造業のまちとして残る気があるのだったら戦略がなければいけない。その前提として、今、見るべきは東莞です」と話した。この話に即反応したのは、伊藤彬市長であった。「若手を連れて中国視察に行きたいので、関先生にコーディネートをお願いできますか」。この一言で、「世界の工場」といわれる中国の現場を、地域を引っ張るべき次世代の者

写真8―2　2005年5月、北京の天安門広場

が体験できることになった。
さて、中国視察のスケジュールというと、結構ギッシリである。多い時には、一日に五カ所訪問することも当たり前である。移動中のバスの中でも、関塾頭の講義が始まる。夜は、訪問先の方との交流会。時間が経つに連れ、当然のごとく「中国式乾杯」により、アルコール度が四〇度を越えるお酒の一気飲みが始まる。関塾頭は、グラス片手に「これをやらずして、中国の真髄はつかめないー」と叫んでいる。市長も呼応し、軽く十数杯。若手はタジタジ。部屋に帰り、具合が悪くなりながらも、これも中国なんだなと思ったに違いない。
若手にとっては、日本では考えられない中国の現場を見て、ハンマーで頭を叩かれたようなショックを受けたようだ。本で読んだことと実際見ることは違う。特に中国では。さらに、関塾頭や市長と旅をいっしょにし、地域産業の未来について議論できたということは、若手にとって非常

表8―2　塾生　小原 学氏（㈱小原建設　専務取締役）が見た中国

①　平成15年度の中国経済視察～深圳市、東莞市～若手の参加者6人 ～中国は世界の工場～　高い就労意欲彼女たちの多くは視力3.0以上。神経を使う単純作業を毎日12時間以上行い、終われば寮へ帰るだけの生活。けっして楽ではないだろうが、彼女らの表情は明るい。就労意欲は日本より格段に高く見える。 ②　平成16年度の中国経済視察～上海市、蘇州市～若手の参加者11人 ～中国は世界の市場～　人件費抑制型より中国を巨大な市場と見ての進出が多い。月収1万円の人もいれば、すぐそばのホテルで1万円の食事をしている人もいる。圧倒的な貧富の格差。中国13億人のうち、ほんの1%の富裕層でも1千300万人。潜在市場は日本を越える。激変する中国で市場をつかめるのは、他者より先んじた者だけ。 ③　平成17年度の中国経済視察～大連市、北京市～若手の参加者7人 ～中国は世界の縮図～　日本は「政治は資本主義」だが「経済は共産主義」。中国は「政治は共産主義」だが「経済は資本主義」との言葉を実感。 貧困層と富裕層。老年層と若年層。地元ローカルと海外企業。それぞれが熾烈な競争を繰り返している。文化革命から産業革命、そしてグローバル化への変貌をわずか10年足らずで駆け上がっている。圧倒的なスピード感。 ●中国から何を学んだか？ 「世界にひとつだけの花」を夢見る日本の若者では「食べるために働く」中国には勝てない。 過去の必勝パターンを後追いしてもチャンスはない。リスクをとってチャレンジせよ。 「中国が発展したら日本は衰退する」という構図は短絡的。中国と競争しつつ、日本も発展すれば良い。決定的に欠けているのは、スピード。 まずは、元気!!　そしてチャレンジする勇気!!

に貴重な経験にもなったことだろう。

表8―2には、中国の現場にショックを受け、三年にわたり視察団に積極的に参加した小原学氏（㈱小原建設専務取締役）のレポート総括がある。

小原学氏は、現在三六歳であるが、前述の鈴木高繁氏と共に、企業連携グループの北上ネットワーク・フォーラムの副代表を務めている。また、地域の青年会議所活動やNPOの常任理事も務めているという、まさに「地域に燃える青年」なのである。

レポートの記述にもあるが、中国の若者の勤労意欲はニートで騒がれる日本の比にはならないくらい高い。参加者の大半が同じ感を覚えたはずである。特にも塾生の石川秀司氏（有石川硝子店代表、市教育委員）は、研修レポートの中に勤労意欲を含む基底（スタンス）のボトムアップが必要と言っている。具体的には、小学校の総合学習の根幹に「ものづくり」というキーワードを通すべきと提案している。彼の思いが、一石塾の次のステージにおいて大きなアクションを展開するのである。

3　第三ステージ　次世代の起業家の芽を育む

二〇〇四年一〇月一日、ここからすべてが始まった。経済産業省の進める起業家教育事業の体験会が仙台で実施された。直前に、石川秀司氏に電話し、都合が良かったら行ってみないかと誘ったところ、彼は仕事をうまく調整して来た。彼なりに、よくわからないこの体験会に何かを感じ取ったとのこと。結果、我々は起業家教育プログラム「トレーディング・ゲーム」を体験し、興奮して眠れなくなってしまった。二〇歳代の青年二人により創業された㈱ウィル・シードが作ったこのプログラムは極めて画期的なものであると感じた。

三カ月後、北上市は、経済産業省の二〇〇四年度起業家教育促進事業のモデル自治体の指定を受け、小中学校二校において「トレーディング・ゲーム」を実施した。本プログラムは、既成の概念にとらわれない新しい物の見方や考え方ができる創造力や判断力、人を説得し周りを巻き込んでいくコミュニケーション力、そして新しいアイディアを実行するために必要なチャレンジ精神や決断力などの、まさに「生きる力」を育むための教育と言われており、全国一六〇校において実施され、事業成果としての学校の先生や生徒の評価が非常に高いものであった。北上市で実施した二校においても評価が高かった。

さっそく一石塾メンバーの石川秀司氏や高橋穏至氏（㈱高征車輌代表、市議会議員）と相談し、経済産業省の二年目の支援として講師派遣を受けるより、「地域の子どもは地域の手で育てよう！」「地域のために若手が汗をかこう！」と決めた。

そして、全国一六〇校で導入されている本プログラムで、全国で初めて地域の人材を講師として育成することとした。まさにスピート決断であった。一石塾メンバーを中心に、完全ボランティアとして学校に出向いて講師を務めたいという意欲的な若手八人を選抜し、商工課工業係二人を加えて、一〇人体制とした。選抜にあたっては、「頼んでやってもらう」というスタンスは取らないで、積極的な意思を尊重して選抜した。中には、「起業家教育の講師を地域で育成するといううわさを聞きました。無報酬で良いので、ぜひ、やらせて欲しい」と積極的にコンタクトして来た元気な女性もいた。もちろん、その場で講師に決めたと同時に一石塾にも入っていただいた。女性の名は、佐藤仁実さん（和賀スポーツ三代目）、二〇〇六年は六校、講師を行う予定である。

五時間のカリキュラムを仕切る

プログラム開発会社から受けた講師研修は、三日間であった。しかし、学校の授業として一日を都合していただいている以上、中途半端なことは出来ないという思いがメンバー全員にあった。五時間を要するこのプログラムを講師としてすべて仕切るには、相当の勉強が必要であった。二〇〇五年七月に研

写真８―３　佐藤仁実さんの小学校での講義

写真８―４　石川秀司氏の小学校での講義

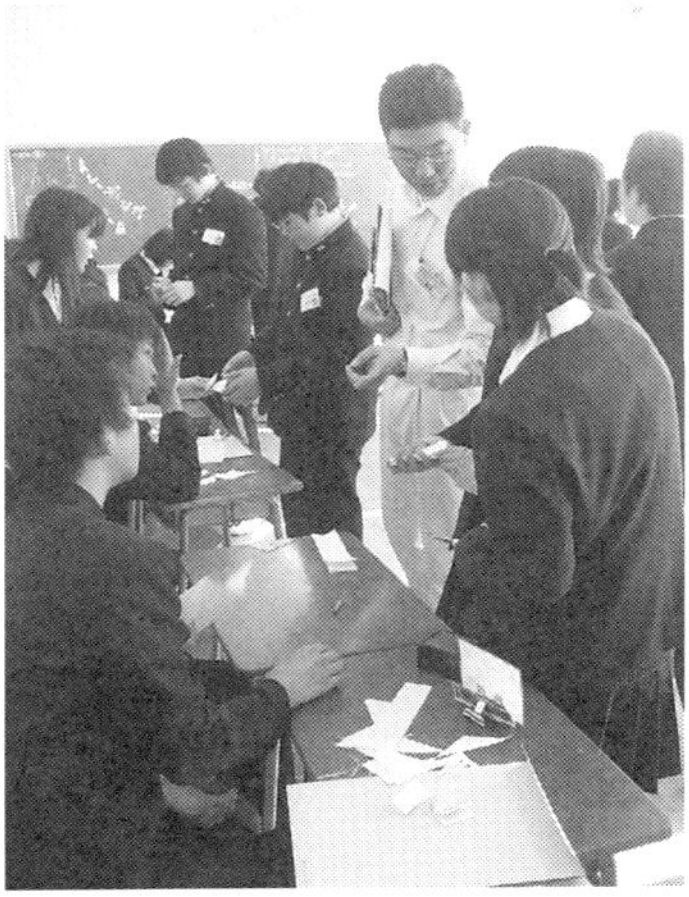

修を受け、その後、講師スキルを上げるために、夜間に自主勉強会を三〇回ほど実施した。

講師デビュー時に、プログラム開発会社からチェックを受け、「良く勉強されましたね」と言われた時に、安堵感からか肩の力が抜けていくのがわかった。若手経営者である石川秀司氏や菊池正則氏（㈲岩手ロジックス代表）が講師として発するメッセージは仕事の勉強という点でリアル感があり、生徒の評判も高い。菊池正則氏が、「講

図８―１　北上市の重層的ものづくり人材育成

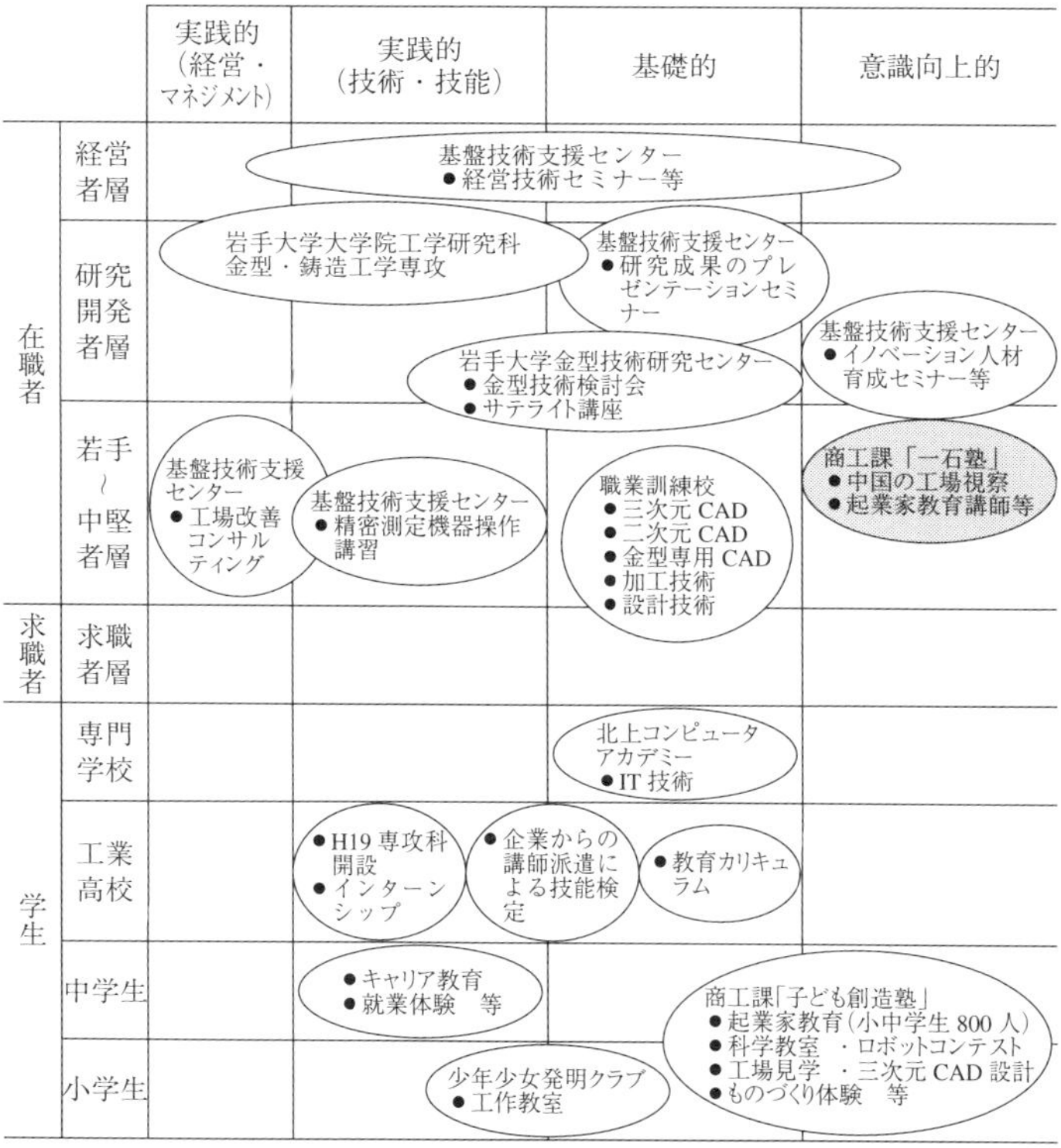

師になって自分の勉強にもなった。講師に選んでもらい感謝しています。」と言ってくれたことも忘れることが出来ない。

二〇〇五年度は、市内小中学校八校（一九クラス、五八〇人）で正規の授業として「トレーディング・ゲーム」に取り組んだ。二〇〇六年度は、市内小中学校八校（二四クラス、約八〇〇人）の予定で実施している。また、二〇〇六年度からは授業サポーターを市民から募集し、一八人の方々がボランティアとして、授業の手伝いをしており、まさに地域ぐるみの活動になったと言える。市教育委員会では、小中高一貫のキャリア教育プログラムの作成に取り掛かっており、その一つに位置づけられるよう成果を出していきたいと思っている。

図8―1の「ものづくり人材育成実施体系図」において、一石塾は意識向上型に位置づけされている。しかし、「子ども創造塾」において起業家教育の講師を務めるなど、他の事業との連携等、北上市のものづくり人材育成に深く関わる可能性がある。

4 NEXTステージ 燃えろ！ 一石塾

北上市は、工業については先人達の苦労と熱意により好調に発展し、ある程度成功したと言える。その一方では、大きな衰退時期がないため、危機感があまり感じられないと言われることもある。しかし、二〇〇二年からの一石塾活動を通じ、物事はグローバルな視点で考えなければならないということを痛感させられた。この地域だけが良くなろう、日本だけが良くなろうというのではなく、世界の中の北上市として他国とも連携・協力し合い、お互いに発展しようというＷＩＮ＝ＷＩＮ（ウィン・ウィン）思想が大事なことも実感した。

一石塾生よ　明日の北上は自分達の熱意と行動でつくろう！

燃えろ！　一石塾。

第九章　東出雲ものづくりカレッジ２００４
——伝統的機械工業地域の若者を結集（東出雲町）

周藤陽子

島根県東出雲町の農業用機械・同部品製造業の歴史は古い。地元出身の佐藤忠次郎が、少年時代に苦しい家計を助けるべく、銅山の坑夫として出勤する時に自転車を走らせていて、途中で誤ってハンドルを取られて古自転車から転げ落ちた。その時、横転した自転車の回転している車輪が道端に垂れている稲穂をパラパラと飛び散らせたことをヒントに「回転式稲扱機械《かいてんしきいなこぎきかい》」を独学で開発、一九一四（大正三）年にサトー商会を創業したことに端を発する。

サトー商会（現、三菱農機㈱）は、国内第四位の農業機械総合メーカーにまで発展し、同社を核に周辺には外注機械加工群となる企業が集積、東出雲町は機械金属産業の企業城下町を形成してきた。山陰地方では珍しい「ものづくりの町」である。

1　東出雲町の概要

東出雲町は、昭和の大合併時の一九五四（昭和二九）年四月に三町村が合併、現在の東出雲町になり、二〇〇四年で半世紀を迎えた。島根県の県都松江市や、安来節、「安来ハガネ」の日立金属で有名な安来市に隣接し、ＪＲ山陰線や国道九号線に沿う地理的条件の良さなどから、農業機械や中海・宍道湖で採れる水産加工品の製造を中心に各種産業が発展した。

島根県出雲地方の東部に位置する東出雲町の面積は、約四二平方キロ。半径七キロ足らずの円の中にすっぽり収まるコンパクトな町である。松江市のベットタウン化が進み、五四年の合併当時約九〇〇〇人であった人口は、山陰高速道が本町に開通し、インターチェンジが出来たり、公共下水道をはじめとする生活基盤整備や町内における住宅団地や宅地整備、土地区画整理事業の推進などにより、二〇〇六年一〇月現在、一万四三〇〇人となった。

島根県下では市町村合併が推進される中にあって、二〇〇三年には、東出雲町は住民投票によって単独町政を選択し、さらに元気印のまちを維持、発展させていくためには地場産業を中心とする地元産業の振興が一番の課題と考えている。

図９―１　東出雲町の地図

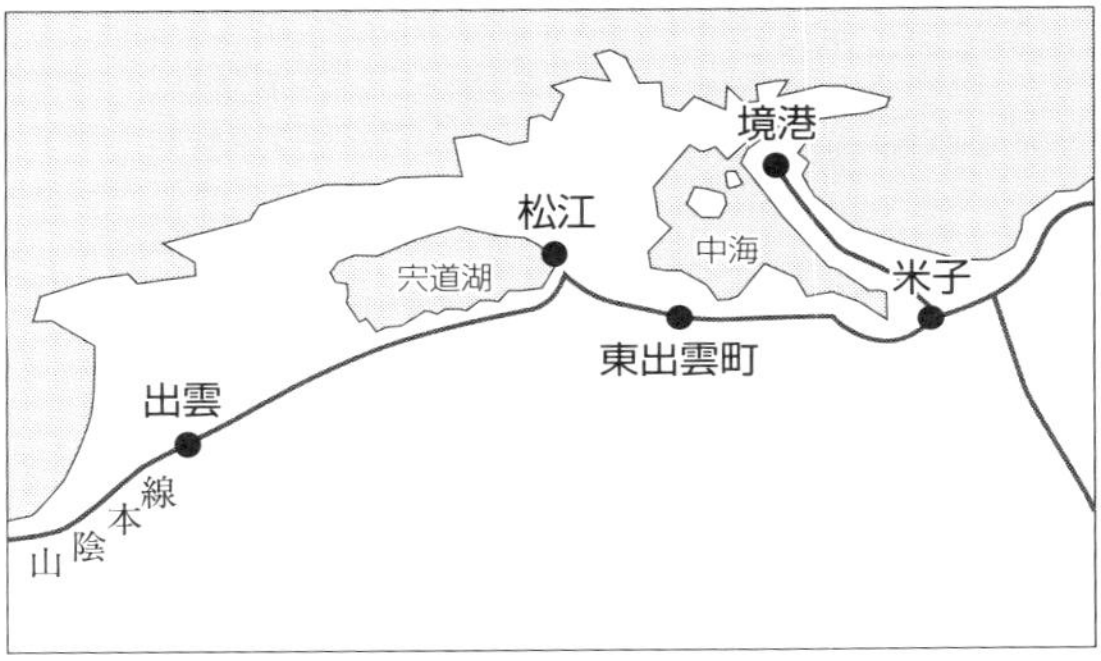

2　コア21東出雲共同受注ネットワークの立ち上げ

その後、サトー商会は佐藤造機㈱と改称し、昭和初期には農業の近代化、食糧増産政策の波に乗り、大きく業績を伸ばした。しかし、戦後は日本人の米離れが進み、米消費の低迷による生産調整や価格の低迷などから農家の農業離れが続き、農業機械の需要

図9―2　東出雲町の人口推移

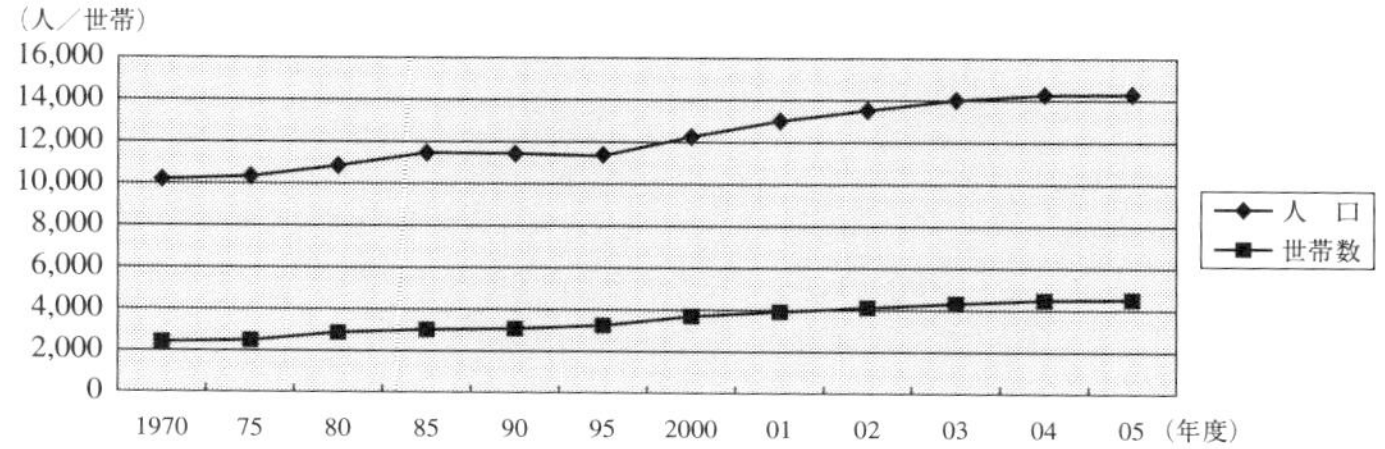

も年々低下、企業もまた生産調整を余儀なくされた。

そして、一九七一年三月の会社更生法の適用となる。町の基幹企業である佐藤造機㈱の経営不振は、地域に重大な影響を与えることになる。その後、幸い三菱重工を中心とした三菱機器販売との合併により、八〇年二月に三菱農機㈱として再スタートすることができた。

これにより、町内基幹企業である三菱農機の企業力の強化や、関連企業の基盤安定などの明るい光が見えてきた。そうした中にあって、時代の変革とともに企業城下町の体系は大きく変化してきた。従来通り農機具に特化した企業、農機具製造にあわせ自動車などの新分野への転換を図る企業、また、自社製品の開発による三菱農機依存型から脱却した企業などに分化した。厳しいながらも新しい経営手腕によって独自の路線を歩んだ企業の中には、ニッチビジネスに特化し国内外に目を向けオンリーワン企業になった企業もある。

しかし、バブルの崩壊から大手メーカーは生産拠点を海外に移管し、「地域産業の空洞化」が始まった。さらに、思いもよらない地元中堅企業の倒産、アメリカの同時多発テロの影響などで世界経済も悪化の一途をたどり、海外輸出もままならなくなると、途端に町内企業は雲行きが怪しくなった。二〇〇一年には、「今年は年が越せるだろうか？　翌年三月決算を迎えることができるだろうか?」と（実際に、東出雲町の製造品出荷額は九四年のピーク時に比べ、四五％の落ち込みとなっている。さらに二〇〇二年春には町内中堅企業の倒産や廃業が相次いだ）。

一方、頼みの綱の三菱農機も企業経営の健全化を図る目的から、今まで各企業に単品の部品発注していたものを、ブロック発注という生産方式に改めた。これが、二〇〇二年春から売り出された世界最小最軽量のコンバインの生産方式（約一〇〇〇点にも及ぶ部品を一九の主要協力工場でブロックに仕上げてから本社工場で組み立てる方式）である。従来はネジならネジ、エンジンならエンジン部品のみ単一工程の加工でよかったものが、ブロックまでとなり、企業間の連携や技術協力が求められた。コストも全体枠が落とされており今までのように言い値にはならないし、手をあげなければ町外企業へ発注され仕事すらなくなる。

写真９－１　町内優良企業のエステック

共同受注グループの立ち上げ

町内企業に大きな波紋を広げる恐れがあったので、初めての試みとして、町主催で、三菱農機、町内関連企業、商工会の四者協議を行い、町内企業への優先的な発注をお願いした。

また、この間、町では商工会と連携して、町内製造業約八〇社（食品製造及び木材製造を含む）を対象に企業経営実績アンケート

表９－１　工業の推移

年	事業所数	従業員数（人）	製造品出荷額等（百万円）
1994 年	60	2,461	72,037
1995 年	57	2,376	72,029
1996 年	58	2,407	67,346
1997 年	58	2,336	58,662
1998 年	71	2,492	47,815
1999 年	67	2,387	49,561
2000 年	66	2,269	50,228
2001 年	59	2,174	42,990
2002 年	62	2,045	40,229
2003 年	59	1,966	36,612
2004 年	59	1,971	40,798

資料：2004 年工業統計より（4 人以上の事業所）

調査を実施するとともに、企業訪問を重ねながら実態把握を重ねた。

その結果は

①　約半分の企業に後継者がいること。

②　研究開発の研究員が一〇社に二二人いること。

③　新分野への挑戦意欲を持っている企業が三分の一強いること。

この強みを活かし、さらに弱点を克服する施策はないか。一方で、商工会の機械工業部会を中心に打開策を検討し、共同受注体系の確立が不可欠との結論から「コア21東出雲共同受注ネットワーク」（以下、コア21）の立ち上げとなった。

この任意組織の設立には、三カ年の期限付きで、町も全面的に支援を約束した。東出雲町は島根県下でも類を見ないほど、製造業を中心とした工業関係の町単独補助支援策を行っていると自負している。コア21は、三人の専任スタッフ（受注先開拓アドバイザー、技師、事務員）を配置しながら、共同受注事業を展開しているが、人件費や受注先開拓のための旅費など、国の緊急地域雇用創出特別事業補助金や集積活性化支援事業の地域産業集積中小企業等活性化事業の認可を受けて実施した。

東出雲町の支援

東出雲町の支援の取組みは以下の通り。

① 企業訪問やヒアリングによる町内企業の実態調査をし、PR用パンフレットやHPの試作。勉強会や他地域の共同受注グループへの視察など組織づくり、土壌づくり。

② 受注先開拓の推進や自社開発製品の販路拡大。

③ 専門家による指導や講演会・勉強会、先進地視察による人材養成。

④ 情報提供・情報収集による共同受注の強化や連携強化などがあげられた。

コア21の受注活動の中から生まれた施策に、町独自の中小企業育成資金がある。試作のための準備資金として必要なときに個々の企業では融資が厳しい場合も、コア21のグループで試作する場合は五〇〇万円を上限に低利で借入が出来る。さらに保証料も一部助成する。全国にも例を見ない制度である。

国内でも共同受注グループの活動はなかなか成功例が少ないといわれる中で、あえて、その道を選択し、現在自立の道を模索中である。

受注拡大に奮闘する中、弾力的で堅強な競争力を持つ受注組織づくりと高精度加工技術習得の必要性を痛感し、若手人材・後継者の養成事業の取組みが急務となった。

3　「東出雲ものづくりカレッジ２００４」の誕生

東出雲町では、島根県やしまね産業振興財団、町、商工会、金融機関等支援団体を巻込んでの企業後継者塾を二〇〇三年度から実施している。「四〇歳になったら、誰もがその企業の社長になるんだ」という意気込みで、自社の決算書の見方から、経営方針の策定、営業活動等について研修を重ねている。この若手企業経営者のやる気が、地域おこしの原動力になることを切望し、身近な企業後継者や中小企業診断士などの講義を行った。

こうした中で、二〇〇三年一一月、関満博一橋大学大学院教授が塾頭をされている「フロンティアすみだ塾」（東京都墨田区の企業後継者塾）との交流会の話が舞い込み、企業後継者塾のメンバー一〇人と上京した。企業訪問などを行い、やる気のある企業の経営方針などを学んだ。この交流が引き金となり、翌年に「ものづくりカレッジ２００４」が誕生する。

これまでにも、町内企業がボトムアップし、ＩＳＯや経営革新の取得ができる企業へ変革するため、県の指導を仰ぎながら、町、商工会の経営指導員を中心に助言や指導を通して企業の意識改革をしているが、これからは「集中と選択」によって、コア21の会員企業の中から三菱農機以外のモデル企業の育成が急務と確信する。企業の優秀な人材の育成は町の財産（＝人財）という観点から、「東出雲ものづくりカレッジ２００４」を立ち上げた。

後継者や中間管理職に、企業管理力の増強や競争意識の改革など自覚・知識を高め、自社改革を促進することで企業の体質改善、意識改革、3M（ムリ、ムダ、ムラ）のないコスト競争力の強化の実践と生産性の向上、儲けるという目標、意識の確立を狙っている。

二〇〇四年五月、「東出雲ものづくりカレッジ2004」の開校式に合わせ、一橋大学大学院関満博教授に記念講演をしていただいた。「なぜ産業振興の全国後進県である島根県に興味を抱いているか。これまでの経緯やアジア（中国・台湾）での企業分析調査などを通し、日本人の認識力差の現状や島根県の土地柄、さらには東出雲町および近郊における機械製造業の集積低迷の形態はどうであるか」などの話をいただいた。

関教授の講演は、受講生をはじめ、聴講者に衝撃のカルチャーショックを与えた。さらに、専属講師の望月俊之先生（元、クボタバルブメンテナンス㈱初代社長、現在企業支援アドバイザーとして活躍中。大阪在住）の「現状維持は退歩以外の何物でもない。インパクトを与え、自分を変え、周囲を巻き込んで変化をもたらす…そういう人材の育成に取り組み、地域活性化に貢献したい」というものづくりカレッジへの熱い思いに、六人の受講生たちはふるい立ち、精力的にそれぞれの課題に取り組んだ。

カリキュラムは、東出雲町の製造業の現状と課題を再認識し、現場管理と改善について検討し、また、優良企業視察や受講生各社の診断パトロールなどを通して現場の改善、改革をしていくもの。

さらに、新鋭企業経営者の講演や他地域の後継者塾との交流会などを取り入れ、「ものづくり」のみならず、様々な人脈を広げるきっかけとなる「ひとづくり」にも力を注いだ。

写真９－２　おちらと村での、墨田塾との交流

墨田塾との交流

大きな転機となったのは、二〇〇三年の上京で交流の始まった東京墨田区の後継者塾「フロンティアすみだ塾」一行が、二〇〇四年秋に東出雲町へ来町したことであった。研修初日の一一月一二日は、町内上意東にある介護予防拠点施設「東出雲おちらと村」（「おちらと」は出雲地方の方言で「ゆっくりする」という意味）での両塾生による交流会を計画し、あわせて、ものづくりカレッジ受講生の中間発表会を開催した。

当日は、関係者以外にも町内外から予想を超える参加者があり、両塾生は二〇人足らずながら、気がつけば約八〇人の集会となっていた。若者の活発な発言が飛び交い、山村の研修施設は夜を徹しての熱い交流の場となった。普段、このような発表をする機会の少ない本町の受講生には東京の同じ悩みや考えを持つ後継者との交流は刺激的で、自己意識啓発にもなり、大きな収穫となった。

さらに、二〇〇五年二月四日、「フロンティアすみだ塾」の塾生とともに来町された二人の若手新鋭経営者のミニ講演会を開催。カレッジの塾生たちは聴講した講師の偉大さに引き込まれ、自己改革にますます拍車がかかった。

二〇〇五年二月一〇日の発表会には、二〇回に及ぶカリキュラムを一人の脱落者もなく、六人の受講

生が堂々と実践発表を行った。

その一部を紹介させていただく。「カレッジの意義はこの講座を現場に活かし、企業が発展し、雇用の創出に貢献し、まちづくりと地域の活性化につなげていくものであると確認し、六人がこの町を伸ばす大切な存在に成長しなければと感じた」。

「今までの『どうやって作るか』が、『何を作るか』に変わってきて、創造力を持った人財が求められる時代であると聞き、『待つより進め！』の開拓精神を感じた。また社内では問題を解決するより見つける姿勢が大切と指摘された」。

写真9－3　受講生の発表会

「5Sの大切さという点で塾生は皆、同意見を持っていた。それだけ5Sは目に付きやすく企業イメージを決定づけてしまう要因の一つだと感じた」。
「世界の現状、島根の現状、そして何より重要な東出雲町の現状を聞かされた。ものづくりの町・東出雲において、まさに今意識改革が必要であることを痛感した」。
会場に集まった多くのギャラリーは、自信にあふれ、強い意志を持って邁進して行こうとする受講生の姿に拍手とエールを送った。
それぞれ仕事を終えてからの限りある時間を割いて取り組んだ

彼らの努力（やる気）以外の何物でもないとその真摯な姿勢に感銘する。あわせて会社をあげて支援していただいた経営者の皆さん、また支えていただいた家族の陰の力に深く感謝する。

裏のエピソード

気づかなかった事を知り、それを素直に認識し、どう対処するかを考える力と行動力を身につけた…この成長を表彰しようと、密かに事務局が粋な修了証の授与を思いついた。修・閉校式並びに発表会は前日まで何も特別な演出は考えてなかったが、受講生たちが今までやってきた努力に敬意を表し、さらに次代を担うホープとして期待したく修了証に深紅の一輪の薔薇を添えて。（感想は受講生のさわやかな笑顔から想像していただきたい）。

4　今後に期待すること

二〇〇二年一二月に、コア21東出雲共同受注ネットワークが立ち上がってから四年が経過した。受注先開拓事業は当初の計画通りの事業展開ばかりではないが、企業訪問やヒアリングによる町内企業の実態調査によりPR用パンフレットやHPの試作、勉強会や他地域の共同受注グループへの視察など組織づくり、土壌づくり等を行ったことで、町内企業の意識は随分と活性化してきた。

特に人材養成講座「ものづくりカレッジ２００４」を開校したことにより、若手後継者の意識改革は目を見張るものがある。また、首都圏や近畿で開催される機械技術要素展や各地で開催される商談会に

図９－３　「ものづくりカレッジ2004」の歩み

企　業　診　断　の　開　始

いよいよ自社改革への第一歩として、『現状は最低である！』という先生の教えのもと各塾生企業の現状分析がスタートしました。

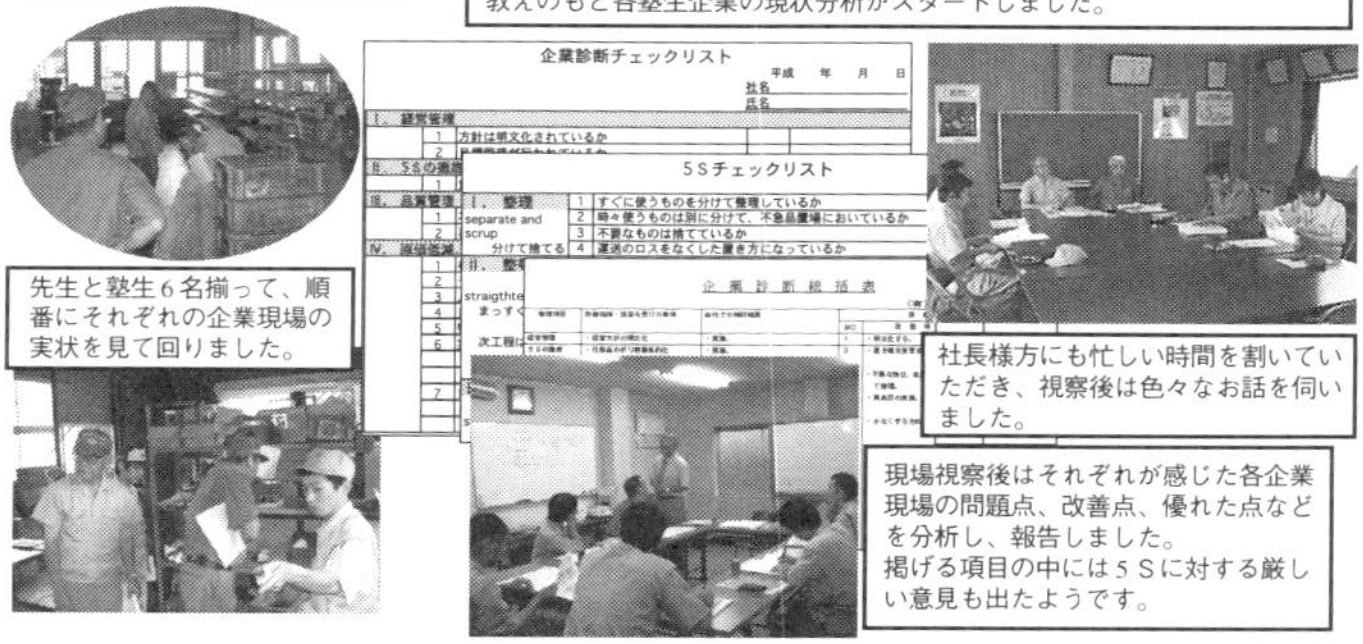

先生と塾生６名揃って、順番にそれぞれの企業現場の実状を見て回りました。

社長様方にも忙しい時間を割いていただき、視察後は色々なお話を伺いました。

現場視察後はそれぞれが感じた各企業現場の問題点、改善点、優れた点などを分析し、報告しました。
掲げる項目の中には５Ｓに対する厳しい意見も出たようです。

図９－４　フロンティアすみだ塾との交流

『フロンティアすみだ塾』との交流会と中間発表会
H16.11.12　東出雲おちらと村にて

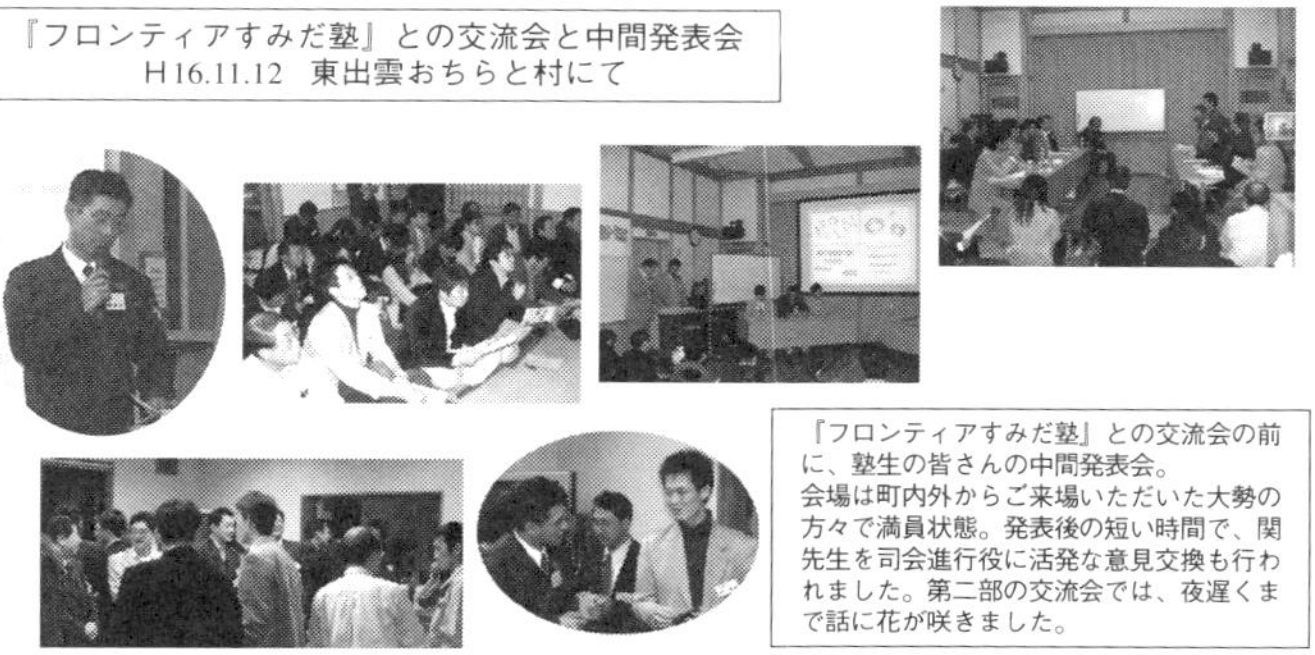

『フロンティアすみだ塾』との交流会の前に、塾生の皆さんの中間発表会。
会場は町内外からご来場いただいた大勢の方々で満員状態。発表後の短い時間で、関先生を司会進行役に活発な意見交換も行われました。第二部の交流会では、夜遅くまで話に花が咲きました。

「ものづくりカレッジ2004」閉校式での6人の受講生（写真左より）
石原　由貴（原精工㈱）
西村裕一郎（丸高工業㈱）
尾﨑　政夫（㈲福頼鉄工所）
花房　陽一（㈲花房板金）
山崎　哲治（㈱野原熟練工作所）
石原　博行（㈲石原熔接）

も積極的に出かけるようになり、「コア21」という名前も少しずつではあるが全国に認知されてきたようだ。

これにより、二〇〇五年頃になって目に見えて変わってきたことがある。

① 意識改革（自社の経営改善、経営革新、ＩＳＯを取得する企業が増えた）。
② 意識啓発（参画企業どおしの連携強化…ベクトルが合ってきた）。
③ 雇用の創出（二〇〇五年になって約五〇人の雇用の増員があった）。
④ 設備投資による仕事量の増加（石油の値上げや原材料費の高騰により一概に売り上げ増にはならないが、仕事が回り出した）等。

このような状況は、人材養成によるトップ（経営者）をはじめ従業員の意識改革のたまものと思う。しかし、まだ企業間には温度差があり、厳しい経営状況下の中では、機械設備等の投資に対し不安が先立ち、下請けによる注文生産から脱却し、積極的に受注の範囲を広げる姿勢に踏み切れない経営者もいる。さらに従業員の企画力や発言力を引き出す努力と発想の転換を受け入れる柔軟さが養えない危惧がある。従業員においても、トップダウンで指示された事だけをしてきた慣習や周囲への気兼ねから士気を高め、企画力、発言力を身につける自己改革に対し、まだまだ消極的である。

幸いにも、「東出雲ものづくりカレッジ２００５」は、新たに九人の新規受講生が望月先生のもとで現場改善を中心に二七回の過密カリキュラムを精力的にこなした。受講生は皆、「同じ環境、業種の中で共通の悩みをぶつけ合う仲間の存在が励みになったことは大きく、このつながりは大きな収穫だった。今後よりいっそうものづくりを通してお互いが良いライバル、良い仲間になっていき、切磋琢磨できる」という頼もしいコメントを残した。

今年二〇〇六年は、ものづくりカレッジも三年目を迎え、二〇〇四年、二〇〇五年の受講者を合わせ、新たに出発した。今年のカリキュラムは、これまでの勉強の成果を活かしながら、自助努力によりそれぞれの会社の経営改善に取り組みつつ、個々にテーマを設けてステップアップを図ることを目的とした内容となっている。

そして、二〇〇六年のカレッジは、塾生のオプションでこの秋一〇月から町内の小中学生を対象としたものづくり教室「サイエンスクラブ21」へも関わりをもっていく。この教室は、構成員も企業経営者から元国立松江高等専門学校の教授、地元企業後継者など各分野の頭脳を結集して企画運営される。次代を担う子どもたちにさまざまな体験をしてもらい、そこで生まれるたくさんの不思議を自分の力で追求することが、

写真９－４　紙飛行機を作る子どもたち

写真９－５　サイエンスクラブ21

科学や数学の意味を実感し、探求心や想像力の醸成につながる……そういう学習の場を提供しながら、「ものづくりのまち　東出雲町」を意識してもらうものである。塾生たちには、「子どもたちに、実際のものづくりの現場で感じている思いをどういう形で伝えることができるか」をテーマに検討させている。

初回は二〇〇六年一〇月二一日に開催され、「紙飛行機はなぜ飛ぶの?」と題して、紙飛行機の仕組みを科学的に説明しながら、一緒に工作を行った。最初は緊張気味だった子どもたちも、工作を終えて実際に飛ばしてみると、笑顔がはじけ、とても喜んでくれていた。今後のカリキュラムの中で、一二月はものづくりカレッジの塾生が講師となり、「ロボットをつくってみよう」というテーマで開催する。現在、何を伝え、どう感じてもらおうかと、試行錯誤をしながらメンバーで協議している。

彼らには、これから更に一企業人として現実に立ち向かい、また、地域に貢献できる人材に成長していって欲しい。次代を担う子どもたちにつなげる役割もある。そういう志を胸に秘め、このものづくりカレッジを続けていって欲しい。

そして、東出雲町ではじめた後継者育成のための「東出雲ものづくりカレッジ」ではあるが、本町のみならず、この出雲地域の機械製造業の模範となり地域を先導できるよう、町と商工会、企業がともに手をたずさえて、ものづくりの町を支えていきたい。そして、「ものづくりの町東出雲町」から世界に向かって躍進していく企業群や後継者の活躍を期待している。

第一〇章　おびしん地域経営塾
——若手経営者・後継者の育成と支援（帯広信用金庫）

石井博樹

1　経営塾発足の経緯

二〇〇一年当時、企業の地域貢献・社会貢献といったことが当たり前のように叫ばれるようになって来ていた。こうした現象は、企業が高度経済成長期を経て、経営基盤も強固になってきている中で、これまでのような売上至上主義、利益至上主義中心の企業姿勢、体質が見直されてきたからにほかならない。利益の還元として、地域のボランティア活動への積極的な参加、チャリティーショーの開催、企業施設の一般開放、福祉・文化・芸術活動への支援などが企業活動の一つとして捉えられるようになり、地域に密着する企業体（所謂「よき企業市民」、コーポレートシチズン）が地域から望まれるようになったのである。

当時、金融ビッグバンが最終段階に入り、大手金融機関を中心に合併・再編が本格化し、金融界は大きな変貌を遂げようとしていた。そのことは、われわれ地域金融機関に対しても大きな影響を及ぼしつつあり、大手金融機関がメガバンクの構築により新たな経営戦略の展開に取り組む中で、地域金融機関は、そのダイナミックさに目を奪われることなく己の地域を見据え、その根をさらに強靭なものにして行く必要があった。

信用金庫は、地域密着、生活密着型の協同組織であり、昔から「地域との共存共栄」を一つの理念として掲げて来た。地域の発展、活性化は信用金庫の理念であり、地域貢献は地域金融機関の一つの役割である。

帯広信用金庫に対する期待

帯広信用金庫はそれまで表向きは派手でなくとも、地元の祭りへの参加、ボランティア・社会貢献の地道な活動、また、ゲートボール大会などの各種スポーツ大会の開催など、地域に密着した活動に積極的に参画してきた。また、地方公共団体等と協力して地域活性化の事業へも参画してきた。こうした活動は一回限りのものではなく、長い期間にわたって継続されているが、当金庫が実施して来た地域貢献活動は、部分的な認知を受けているものの地域全体からの認知度は必ずしも高いとはいえなかった。

また、二〇〇一年三月に実施した全国中小企業景気動向調査の特別調査において、「地域に密着する信用金庫に対して、金融取引以外にどのような経営支援を望むか」という質問に、調査先の六〇%が地域経済・産業企業等の情報支援を望んでいることがわかった。さらに商店街振興・街づくりなどの地域活性化支援を望むとの回答は二八%あった。

この結果からもわかるように、地域社会が当金庫に寄せる期待は大きい。今日まで当金庫が培ってきた地域からの信認をさらに強固にするため、地域社会から寄せられた地域貢献への取組み期待を受け止め、取組み方針、地域貢献に対する考え方、スタンス等を地域に明らかにして行くことも必要となる。

協同組織金融機関として地域に対する社会的役割を認識し、地域産業の育成・振興、地域文化の振興等を通じて地域社会からの期待に応えなければならない。

「地域貢献」への新たな取組み――地域貢献アクションプログラム

フィランソロピー（社会貢献）・メセナ（文化支援）・コーポレートシチズン（企業市民）など地域貢献は、実践的な経営との関わりの中で継続していくものである。当金庫が地域社会に対する責任を真摯に受け止めこれを実践しようとするには、まず「経営体質の強化」を図ることは当然であり、企業体としての企業本体の安定成長発展が前提として成り立つことを理解しなければならない。当金庫の安定こそが、地域社会への一番の地域貢献である。

社会環境が変化する中で人びとの価値観も変化して行くが、地域の発展、活性化は当金庫の理念であり、地域への貢献は地元金融機関の役割である。

当金庫が今後さらなる貢献活動を実践していくには、「ヒト・モノ・カネ」という経営資源が必要となるが、地域産業の育成・振興、地域文化の振興等を通じて「地域社会の発展に貢献する」という理念を原点とし具体的プランを明確に掲げ、全組織をあげて実践していくことこそが地域からの信認を一層強固にするものであり、ひいては当金庫の発展につながるものと確信する。

ついては以下の基本理念、基本姿勢を踏まえ、二〇〇一年四月から五カ年の「地域貢献マスタープラン」を策定し、具体的地域貢献策を明らかにして取り組むことにした。

基本理念

一、帯広信用金庫は、自らの成長・発展の基本条件として地域貢献を実践する。
一、帯広信用金庫は、地域社会の発展に貢献し地域から信頼される「コミュニティバンク」を実現する。
一、帯広信用金庫は、地域貢献を通じて「地域社会と十勝・帯広に住む幸せ」を共有する。

基本姿勢

① 地域貢献は、経営の根幹に関わる重要事項と位置づけ、中長期的視点から取組みする。
② 地域貢献は、各事業年度事業成績、経営環境変化にかかわらず継続して実践する。
③ 地域貢献は、営業店現場の着実な取組みを組織として評価する。
④ 地域貢献は、役職員が一体感を持ち、強制ではなく自らの強い意思で行う。
⑤ 地域貢献は、金庫全組織、営業店と本部が一体になって取組みする。
⑥ 地域貢献は、その見返りを求めない。
⑦ 地域貢献は、実践活動状況を共有し、自信と誇りをもって地域にアピールする。

経営塾発足の経緯

十勝で地元中小企業の発展と共に成長して来た当金庫は、「地域の発展に寄与すること」を経営理念の一つに掲げ、バブル経済崩壊後、地域経済の活性化のため、地元企業との新たな関係を模索していた。

そのような時、多くの中小企業が世代交代の時期を迎え、後継者育成が重要な経営課題であることや、外部の経営資源を有効活用するためのネットワークづくりが必要である情勢に鑑み、信用創造という金融機関本来の業務だけではなく、相談サービス、情報提供による企業の育成に力を入れる方針を固めた。

こうして、前述の「地域貢献マスタープラン」の産業支援策の一つとして、金融支援という業務の枠を越えて、地元企業の二世経営者の教育・若手企業家への支援を目的とした異業種交流会「おびしん地域経営塾」を発足させた。

さらに、経営塾のサービスを通じて地元企業とのつながりを強め、地域との共生を図る金融機関を目指したのである。

2　「おびしん地域経営塾」の運営概要

当金庫は、「地域の皆さまとともに地域社会の発展に貢献する」を経営理念の一つに掲げ、地域金融機関として信用創造という金融機関本来の業務の枠を越えて、地元企業の後継者育成と若手企業家への支援により、十勝経済の活性化を図り、十勝発の新ビジネスを生み出す異業種交流の場として、「おびしん地域経営塾」を下記のとおり二〇〇一年より開講、運営している。

特色　おびしん地域経営塾は、新しい時代の経営環境に適応できる、経営者としての素養と見識を高めることを目的に、地元企業の経営者および将来の経営予定者を対象にしたもので、テーマについても

写真10―1　第1回開講式

写真10―2　通常の講座

写真10―3　隔月開催の交流会

地域性を十分に反映し、小人数ゼミナール形式の講座としている。
また、とかく中小企業は外部組織との交流を持つ機会が少なく、情報を入手しにくい状況にあることから、会員同士の異業種交流も大きな目的の一つになっている。
入会の条件は、設立の趣旨から原則として満五〇歳以下の企業経営者および後継者となっている。
入会期間は一年間で、単年度毎の卒業方式である（二〇〇一年度、第一期生三一人、二〇〇二年度、

第二期生三〇人、二〇〇三年度、第三期生三七人、二〇〇四年度、第四期生三一人、二〇〇五年度、第五期生三五人、累計一六四人が卒業している)。

会員等　過去六年間の会員の構成は表10―1の通りである。

これまでのカリキュラム　あくまでも経営に関する勉強が中心であり、ゴルフコンペなど単に親睦を図ることのみを目的とした活動は行っていない。

また、カリキュラム設定、講師陣の選定など小樽商科大学ビジネス創造センター(略称CBC)の支援をいただいており、カリキュラムは表10―2~10―3の通りである。

運営について　とかく中小企業は外部組織との交流を持つ機会が少なく、情報を入手しにくいことが一番弱いところであり、その点をいかに克服していくかが重要な課題である。

また、中小企業一社では、会場を手配し著名な講師を招いて講座を開催することは、時間的な制約・経費などの点から不可能に近い。

その点おびしん地域経営塾は、当金庫職員が事務局となり経営塾の運営を支援し、同時に講座の内容も、ただ一方的に講師の話を聞くのではなく、自らの考えをぶつけ合えるゼミ形式で構成されており、隔月で開催されている交流会と共に異業種交流の役割も果たしている。

そうした中、会員の中から、帯広畜産大学大学院と小樽商科大学大学院にそれぞれ一人が社会人入学し、「経営塾に参加したことがきっかけとなった。」と聞き大変感激している。

また、「講座では『考え』『理論』等を話合い、交流会では『目標』『夢』等が話し合える時間が持てた」という会員からの声も聞かれる。

表10－1　会員の構成等

区分	会員数／平均年齢	年代別	業種別
2001年度	総勢31人 平均年齢41.0歳	40代20人 30代11人	建設関連10人・卸小売業9人・製造業4人・サービス業2人・運送業2人・飲食業2人・その他2人
2002年度	総勢30人 平均年齢36.2歳	40代9人 30代16人 20代5人	建設関連10人・サービス業6人・卸小売業5人・運送業3人・不動産業2人・その他4人
2003年度	総勢37人 平均年齢34.6歳	40代8人 30代21人 20代8人	卸小売業11人・建設関連8人・サービス業8人・不動産業3人・製造業2人・運送業・農業各1人・その他3人
2004年度	総勢31人 平均年齢38.0歳	40代16人 30代10人 20代5人	建設関連9人・卸小売業8人・製造業5人・サービス業4人・運送業2人・その他3人
2005年度	総勢35人 平均年齢36.9歳	40代14人 30代16人 20代5人	卸小売業13人・建設関連12人・サービス業5人・製造業1人・運送業1人・その他3人
2006年度	総勢36人 平均年齢35.0歳	40代7人 30代25人 20代4人	卸小売業12人・建設関連11人・サービス業6人・製造業2人・運送業2人・その他3人

表10－2　2001年度「おびしん地域経営塾」カリキュラム

開催日	テーマ	講師
8/23（木）	開講式 記念講演「十勝経済の特質と課題～ベンチャー型中小企業への期待～」 交流会	小樽商科大学助教授・小樽商科大学ビジネス創造センター副センター長 瀬戸篤
9/20（木）	十勝経済の特質と課題Ⅱ	
10/24（水）	会計ビッグバンとキャッシュフロー計算書 経営指標としてのキャッシュフロー	小樽商科大学 教授　松本康一郎
11/21（水）		
12/20（木）	～新しい時代の人事労務戦略～人件費の変動費化のやり方	㈱タナベ経営北海道支社 経営協力部長　井雲康晴
1/24（木）	経営計画策定の要点Ⅰ 経営計画策定の要点Ⅱ	小樽商科大学ビジネス創造センター　センター長・教授　下川哲央
2/21（木）		
3/22（金）	ビジネスに活かす論理的思考の基礎	帯広信用金庫営業推進部主任調査役・柏林台支店長　今木啓智
4/25（木）	経営戦略の理論と展開（演習）	
5/23（木）	閉講式 記念講演「デフレからの脱却は可能か～2002年度の日本経済展望」	野村総合研究所 経済研究部長　荻原洋

表10－3　2006年度「おびしん地域経営塾」カリキュラム

開催日	テ　ー　マ	講　　師
7/26（水）	開講式 記念講演「ドラッカー経営思想の真髄～万人のための帝王学」 交流会	ものつくり大学名誉教授・特別客員教授 立命館大学客員教授 日本ドラッカー学会代表　上田惇生
8/23（水）	社員への理念浸透・モチベーション向上の成功例	㈱ヒューマン・キャピタル・マネジメント取締役　鈴木宏一郎
9/21（木）	明日の経営を創る～会計を活かした体質強化の進め方～	中小企業診断士・税理士吉田孝
10/17（火）	組織　生き残りのための条件⑴	公認会計士竹川博之税理士事務所所長　竹川博之
11/14（火）	組織　生き残りのための条件⑵	
12/15（金）	取引と法務～契約入門～	小樽商科大学大学院商学研究科アントレプレナーシップ専攻教授　中村秀雄
1/24（水）	マーケティング～売れる仕組みを作る～	小樽商科大学大学院商学研究科アントレプレナーシップ専攻教授　近藤公彦
2/15（木）	会社の３大目的　社会的使命、社員教育、収益性について	㈱柳月 代表取締役　田村昇
3/13（火）	新規事業・業態変革の進め方	㈱ヒューマン・キャピタル・マネジメント代表取締役社長　土井尚人
4/19（木）	閉講式 経済講演	野村證券株式会社 金融経済研究所 経済調査部長　荻原洋

前述のとおり、当経営塾は単年度毎の卒業方式である。毎期三〇人強の会員に入会頂いているが、その中で今期まで六年連続参加している会員が二人いる。他にも二期、あるいは三期と複数期参加している会員も十数人いる。

この辺りは、経営塾の理念を理解頂いたことと、同時に毎期のカリキュラム等が興味を引く内容だったことが大きく影響しているものと思う。

3　今後の課題と展望

経営塾も二〇〇六年、六期生を迎え、五年を一つの節目として、今後更に一〇年、一五年へとどのようにつなげて行くかが現在の課題となっている。

一つには、当地は人口減少地域であり、経営塾には入会条件があることもあって、対象となる会員候補者数に限界があるということである。十勝の人口は現在約三六万人である。その中で経営塾の資格要件を満たす候補は自ずと限りがある。六年目を迎え塾生は延べ一六四人を数える。今後長期の継続を考えると毎期の塾生の確保が課題となる。

二つには、毎月の講座を担当する優秀な講師不足が懸念されることである。もちろん予算に余裕があって講師の派遣に制約が無いのであれば、それ程心配する必要は無い。しかし、限られた予算の中でより良い講師を選んで行くのは並大抵のことではない。講師の質でカリキュラムの内容が大きく左右される。これまでと同水準のレベルでカリキュラムを維持していくには、やはり講師は慎重に選んでいく必要がある。

三つには、これまで築いて来た「おびしん地域経営塾」のネットワークが、年を追う毎に広がりつつあるが、広がりと同時に全体としてのつながりが弱くなる傾向にあることである。

具体的には、現在、「おびしん地域経営塾」の活動期間は一年で、会員は一年毎に入れ替わる形態で運営している。当該年度の同期生同士は、毎月の講座以外においても交流会等で親睦を深めることが可能である。そして、過去五年間の蓄積があることで会員のネットワークが毎年拡がって行くのは当然である。しかし、期が異なる会員の接点は、現状各年度の開講式と閉講式だけであり、極端に少ない。確かにこれではタテのつながりは弱くなってしまう。

そこで、「おびしん地域経営塾」によりいったん囲い込んだ取引先企業との関係を継続し、より深めることを目的として、同時に現役会員とOB会員、あるいはOB会員同士の関係強化を目的として、活動期間を限定せずに継続的な活動を行う「有料会員制組織」への発展を視野に入れた「おびしん地域経営塾OB会」の創設を予定している。その活動内容は、

① 講演会の開催（年二回程度）
② 国内企業の視察
③ 情報提供サービス
④ コンサルティングサービス
⑤ イベントの開催（会員が自社製品を出店しながら、会員相互の親睦を図る）

そしてその運営は会員自らが行い、当金庫はフォローに回る形態が理想である。

ＯＢ会員には卒業という在籍期間の定めが無く、本人が希望する限り経営塾のＯＢ会員であり続けることが出来る。もちろん、現役会員とＯＢ会員の合同の研究会も開催され、在籍すればする程、会員相互間の関係が強固になると同時に、人脈の輪が自身の経営する企業の財産となる。

最終的には、これら地元の若手経営者のメンバーによる事業組織（研究会、協同組合など）を立ち上げ、お互いの得意分野を発揮して、英知を結集し、新商品の開発などを通じて停滞ムードの地元経済界に新風を巻き起こして欲しいと願っている。もちろんその時の資金面のバックアップは当金庫が行う。

今後ＯＢ会の設置により、「おびしん地域経営塾」で築いたネットワークを強固なものにし、大きな一つの輪となって、将来様々な形で十勝経済に影響を与えながら、これら中小企業の集団が、地域経済の発展に大きく貢献して行くことを期待しているところである。

第一一章　三つの塾を競わせてスタート
——地域産業振興政策の新たな側面（岡山県）

小林健二

岡山県では、市町村単位での産業政策の企画立案、そして実践のため、津山市、玉野市、瀬戸内市の三地域で産業塾を行っている。二〇〇五年七月に三地域が同時にスタートしたが、三つの塾とも、一橋大学の関満博教授を塾長にしていることから、それぞれ「関塾津山」「関塾玉野」「関塾瀬戸内」と命名している。

全国同様、岡山県の市町村の場合も、これまでは多くが企業誘致には目を向けてきたが、地域産業の振興のために独自の政策と言えるほどの取組みを行っているところは少ない。さらに、その必要性すらあまり意識したことがないところがほとんどかもしれない。

全国では、もちろん、東京や大阪の産業集積地域の市や区のほか、本書でも扱われている岩手県北上市など先進的な取組みで大きな成果をあげている自治体もあるが、残念ながら岡山県には全国に名を馳せるような取組みをしている市町村は今のところないのが実態である。

こうした中、いわゆる平成の大合併により、岡山県でも、これまで七八あった市町村が二〇〇七年には二七と三分の一になり、合併しない選択をした町村を除けば、ほとんどの市町が、それぞれ数万人の人口規模を抱えることになった。本格化する地方分権の流れの中で、税源と権限が地方へ移譲されてくれば、地域ごとの取組みの違いは、ストレートに地域間格差につながっていくことになろう。

こうした問題意識の中、今後、それぞれの市町村が、産業振興による地域の活性化と雇用の拡大、併せて、税収の確保と住民サービスの向上という流れを作り出していかなければならないと考えている。このため、地域産業振興の担い手となる人材を育成し、地域の実態を踏まえた産業政策の立案と実践を目的に、岡山県では、モデル的に県内三地域を対象とした産業塾を開講することにしたのである。

開塾間もないこともあり成果が得られている段階ではないが、これまでの活動状況について以下に紹介する。

1　選定した三つの地域

岡山県で開催している塾は、津山市、玉野市、瀬戸内市の三地域である。津山市は中国山地の山懐に位置する城下町で人口は一一万人、工業集積、商業集積とも一定規模以上を誇る県北第一の都市である。また、玉野市は、典型的な造船関連の企業城下町。造船の好不況に左右され、一九七五年頃に八万人近くあった人口が二〇〇五年は六万七〇〇〇人となるなど、人口減少に歯止めがかかっていない。そして、瀬戸内市は、全国的に進んだ平成の市町村合併の中で、県内で一番早く合併によって誕生した市。「日本のエーゲ海」牛窓をはじめとする観光資源を擁し、農業産出額が県内三位と農業が盛んな風光明媚な田園都市である。

こうした性格の全く異なる三地域を対象とした産業塾を二〇〇五年七月に同時に立ち上げた。

三地域の目標

開塾にあたっての三地域の目標はそれぞれ次の通りとしている。

●津山市：つやま新産業開発推進機構の活動にさらに弾みをつける。

●玉野市：造船の企業城下町からの変貌を目指す。

●瀬戸内市：合併後の新市の産業育成のモデルをつくる。

玉野市、瀬戸内市に比べ、津山市の場合は、既に一定の取組みが進み、一歩リードした状態からスタートした。津山市には、つやま新産業開発推進機構（以下、「機構」という）という産業振興のための専属組織があり、地元の美作大学や津山工業高等専門学校などと連携して新製品・新技術開発などにも取り組み、いくつもの成果が現れていたのである。津山市では、この機構の活動に後継者育成という観点からのアプローチを加え、機構の求心力をさらに高め、活動の幅を広げるとともに、この取組みを県内に留まらず全国区の成功事例となることを目標にしている。

また、玉野市の場合は、なかなか突破できない大きなテーマである造船とのバランスを取りながらの産業活性化にチャレンジすることとし、企業城下町再興のモデルになることを目指している。そして、瀬戸内市は、豊富な地域資源を生かしながら、合併市町村のモデルとなるような産業振興を目標に取組みをスタートさせたのである。

県では、この三地域の活動がそれぞれの特徴を生かした個性ある取組みに発展し、他地域から注目され、地域産業振興のモデルとして周辺へ拡大していくことを期待している。

塾の体制

塾の体制は、三地域全体の塾長を一橋大学の関教授が務め、三地域にはそれぞれ専任講師を配置している。塾生は、若手を基本とし、市役所、商工会等の職員、そして企業経営者等とともに、県産業労働部と県の外郭団体である㈶岡山県産業振興財団の若手職員も参加している。

三地域は専任講師を中心にそれぞれが独自に活動しているが、三カ月に一回程度、塾長を交えて三地域合同の研修会を開催し、それぞれの活動の状況報告をしている。塾長からのアドバイスを励みにしながら、他地域の状況を参考に自分たちの活動を確認する機会にしている。

地域産業興しの三要素として、合い言葉になりつつある「よそ者」「若者」「バカ者」のうち、三地域とも、「よそ者」「若者」は揃っている。塾長の言葉どおり「地域のために命がけで取り組むバカ者」がどれだけ生まれるかが課題だが、頼もしいことに、かなりの線まできている対象者がそれぞれの地域に現れつつある。

なお、この塾の特徴の一つとして、三地域それぞれに県の若手職員が参加している点があげられる。塾生として参加することにより、地域に愛着を持つことはもちろん、地域産業の実態を知ること、企業経営者の考えを知ること、市町村や商工会議所・商工会等の職員と懇意になること、などなど、県職員が産業行政を進める上で必要な研修の場としての役割も果たしている。

以下に紹介する三地域の活動状況は、三地域に県からそれぞれ参加している産業労働部職員から見た活動状況である。「関塾津山」は産業振興課の山下穣治氏、「関塾玉野」は産業企画課の角田直樹氏、「関塾瀬戸内」は経営支援課の松原静香さんの報告である。

2　関塾津山の取組み

津山市は二〇〇六年二月に周辺の四町村と合併し、新・津山市として新たな船出をした。岡山県の北東部に位置する人口一一万人の当市は、北は中国山地、南は吉備高原に接する豊かな自然に恵まれている。また、鶴山城とその周辺に栄えた城下の町並みなど、歴史を色濃く残す情緒に溢れており、長く県北部の中心都市として栄えてきた。

二〇〇〇年の国勢調査から産業別の就業者の構成比をみると、第一次産業が七・八％、第二次産業が三二・八％、第三次産業が五九・二％となっている。全国平均と比較し第一次産業の比率が高い津山市であるが、全国でも珍しいステンレス加工業が集積している点が産業構成上の大きな特徴となっている。これは、昭和四〇年代にステンレス関連の大手企業二社が市内に立地したことを機に、関連の下請中小企業が次々と設立されたことによるもので、現在では、約七〇社のステンレス加工関連企業が立地し、一大集積を形成している。

つやま新産業開発推進機構

こういった背景から、津山市はステンレス加工を市のリーディング産業と位置づけており、ステンレス加工の集積地域である新潟県燕市、三条市に肩を並べることを目標の一つに地域の産業振興を進めている。この取組みを語る上で欠かせないのが、「つやま新産業開発推進機構」の存在である。機構は、

写真11—1　関塾津山の打ち合わせ

市職員、商工会議所職員などで構成する任意団体であり、企業誘致を除く地域産業振興を一手に担っている。その活動エリアは市域を越え、周辺市町村を含む、いわゆる美作地域全域に及んでいる。[1]

機構では「足でかせぐ」をモットーに地域の企業との連携を第一に活動している。津山のステンレス加工関連の集積を象徴する共同受注組織「津山ステンレスネット」の立ち上げや、「ジャージー乳レアチーズ豆乳デザート」「津山らーめん」「山の芋焼酎」「つやま夢みのり」などの地域特産物を生かした商品の開発や、販路拡大を地元の美作大学と連携して行うなどの取組みは、機構職員の熱い思い無くしては誕生していなかったであろう。[2]

「若手の育成を！」関塾津山の始動

県が関塾を開催する三地域を選ぶにあたり、こうした興味深い取組みを進めている津山市を選ぶのは当然のことであった。

こうして最初の一歩を踏み出した「関塾津山」であるが、塾生としてどのようなメンバーを集めるかが問題となった。前述の通り、「津山ステンレスネット」や美作大学等との連携など、地域産業振興に関わる活動は活発であり、企業経営者が参加する団体や会合も数多く立ち上げられていた。経営者世代を対象に塾を行っても新味は薄く、意欲的な参加は望めないものと思われた。

そこで関塾津山は、若手の後継者・経営者を塾生とし、後継者の育成を目的として始められた。次代を担う若手の後継者・経営者が意識を高め、自分の会社がこの地域で生きていくということを実感して欲しい。若手の後継者・経営者のモチベーションが上がれば、自然に地域産業の発展につながることを期待しての船出であった。また、これまで津山市の産業を引っ張ってきた経営者世代から、次代を担う後継者の育成が大きな課題という声が聞こえたことも、背景にあった。

関塾津山のメンバーとなる若手の後継者・経営者集めも機構が行った。商工会議所、青年会議所、そして機構独自のネットワークなどを駆使して八人の若手の後継者・経営者をメンバーとして呼び込み、これに県・市、機構等の職員を加えた総勢一七人で関塾津山の開講に至ったのである。この種の会合において若手の後継者・経営者を集めた場合、四〇歳代が通常であろう。ともすると、五〇歳代でも若手の場合もある。しかし、関塾津山に参加する後継者達は、二〇歳代、三〇歳代がほとんどであり、「本当の若手」が顔を揃えた。

第一回目が二〇〇五年八月に開催され、二〇〇六年一二月までにほぼ月一回のペースで一二回の会合が持たれた。この間、随時新しいメンバーを加えたことから、延べ二〇人の若手経営者・後継者が参加している。メンバーは固定せず出入りは自由とし、会合への出席も自主性に任せることを方針としていたが、約一年を経た現在、新たな事業展開等への意欲が高く、また地域のことを真剣に考えるメンバーが揃いつつある。

関塾津山のこの一年間の活動の中から、興味深い出来事を以下に紹介する。

偶然の産物「とっこ泥」による企業連携

第一回関塾津山で津山市についてKJ法(3)による分析をしていた時のことである。ふとした雑談から津山地域一帯に分布する粘土層「とっこ泥」のことが話題にあがった。粘着性が高く、重機などに絡みつくこの泥は、建設業者から土木工事の際の「厄介者」として嫌われている一方、津山地域の特産品である自然薯栽培に古くから利用されてきた。塾生の一人である建設業の若手後継者が業務上の経験から、「とっこ泥」を利用した洗剤や化粧品としての商品化を発案したことを契機に、周囲が怒濤の盛り上がりを見せたのである。

行政メンバーは、「とっこ泥」の成分分析や協力企業の探索、企業メンバーはこの取組みに対する忌憚のない意見、若手ならではの柔軟なアイデアなどで盛り立てていった。この「とっこ泥」を用いた商品づくりの取組みは、津山市内の粉砕機メーカー（同社の若手後継者は後に関塾メンバーとなる）等の協力を得て、複数の企業を巻き込み事業化に向けて進み、二〇〇六年一二月には「とっこ泥」の商品第一弾として、ペット用泥リンス「ミリオンクレイ」の発表に至ったのである。

偶然の産物である「とっこ泥」の取組みであるが、熱意ある後継者たちが主体となって進め、地域内の企業間連携により商品化までたどり着いた点は注目されよう。

後継者、「悩み」「夢」を語る！

このように、偶発的に始まった「とっこ泥」を用いた商品づくりであるが、その後の事業展開が円滑であったのは、塾内の人間関係によるところが大きい。前述の通り、塾生が本当の若手であり、企業メンバーはすべて異業種で構成されている。同世代であることに加え、同業種が一切いないことから、忌憚のない意見や率直な感想、突飛もない助言が交わされる。また、恒例となっている会議後の懇親会の果たす役割も大きい。企業と行政のメンバーが入り交じり、酔いに任せて実に多様なジャンルの話に花が咲く。実際に、企業が行政に求めていることや今後の施策のアイデアなどはこの場で得られることも少なくない。

また、第六回関塾津山から、企業メンバーによる発表会が開始され、自社のこと、後継者としての悩み、自分が抱いている夢などを赤裸々に語る機会を設けている。発表者は真剣に自分の夢や悩みを考え、中には忙しい業務の合間を縫って、何枚にも及ぶ発表資料を作成してくるメンバーもいる。企業メンバーは、若手の後継者・経営者という同じ立場にあることからお互いが気持ちが理解でき、議論は自然に熱のこもったものとなり、毎回非常に盛り上がる。なにしろ、発表者が自分を映す鏡であるので、実に様々な議論が交わされるのである。会議の時間をオーバーしたことも一度や二度ではない。

人材育成、人的ネットワーク構築などを軸として、まさに船を漕ぎ出したばかりの関塾津山ではあるが、最近では、企業メンバーが塾の司会進行を積極的に務めたり、塾の存在意義について、会議やメーリングリスト上で侃々諤々の議論がされるなど、「何かを起こす」エネルギーが蓄積されていくことが感じられるようになってきている。

今後は、農業など異分野の新たなメンバーの参加を呼びかけつつ、地域産業振興の「津山モデル」の構築を目指していくことになろう。産業政策の立案、塾内での新商品開発など、より具体的な動きにつながるよう、塾生一同、地域への愛着、産業振興への意欲を育みつつ、一歩一歩前進していくことが期待される。

3　関塾玉野の取組み

玉野市は、一九一七年の三井物産造船部（現、三井造船玉野事業所）の進出以来、戦前・戦後を通じて日本の造船業の盛衰とともに歩んできた典型的な企業城下町である。[4]

玉野市は、倉敷市に水島工業地帯ができるまで、岡山県製造業の中核をなしていたが、円高不況と第二次オイルショックに端を発した昭和五〇年代からの構造不況により長期にわたる生産調整が行われ、下請中小企業群も極めて厳しいコスト縮減に取り組まざるを得ない事態となった。その後も、バブル景気とその崩壊を経験した後、韓国、中国の造船業界との熾烈な価格競争にさらされながら、造船下請企業は低コスト・短納期に常に身を縮めながら生き抜いてきた。

こうした逆境を経る中で、地元中小企業の中には、造船業あるいは三井造船等の取引を柱としつつ、その一方で第二、第三の事業の柱を持ち、景気の波に大きく翻弄されない体質を作らねばならないという使命感を抱く経営者も現れている。

塾の活動——目的と取組みの内容

二〇〇五年九月の関塾玉野の開始以来、行政メンバー、企業メンバー、合わせて延べ二八人が活動に関わってきた。二〇〇六年四月からは、若く元気の良い女性メンバー二人が加わり、「気持ちは若い」男性メンバーへの大きな刺激となっている。

活動を開始した二〇〇五年度は、まず玉野地域が持つ産業資源を洗い直すとともに、それをもとに強味・弱味・機会・脅威について分析・検討を進めた。その結果、基幹産業である「造船」に関わる大物加工技術やディーゼル機関技術以外にも、瀬戸内海と渋川海岸、おもちゃ王国や道の駅「みやま」などの観光資源、人口に比較して多い病院の数や総合医療専門学校などの医療・福祉の基盤など多くの強味があることを再発見した。ただ、こうした強味も、市の人口減少をくい止めるに至っていないという現状も痛切に感じている。

二〇〇六年度は、前年度の検討をもとに、①造船を活かす、②造船からの展開、③造船以外の新たな地域資源の活用、という三つの方向で成功事例となる事業化を目指すこととして検討を進めている。また、企業間の連携を構築していくため、メンバー企業の各工場を訪問することに力点を置くことにした。これは、隣接した工場であっても、実は互いの事務所以外は覗いたことがないというメンバー企業からの話がきっかけである。これまで、三井造船という親企業との縦のつながりが強く、親企業とは様々な情報交換を行うが、下請中小企業同士が自社の設備と他社の設備との比較や互いの強味を知ることはなかったようだ。

また、二〇〇六年三月に、三井造船玉野事業所内の現役、OBの熟練工の技術者が講師を務め、関塾玉野メンバー企業も参加し、市内各企業に対する測定技能教習会が開催された。そして、このような下請企業間のつながりを目指す動きの中から、造船業に関る職人技の伝承と将来の技術者育成とを目指す「職人塾」(5)が立ち上がることになった。これらは、関塾玉野の活動の成果というものではないが、塾の牽引役である玉野市産業振興部まちおこし課や玉野産業振興公社の方々の地域産業振興に懸ける熱意のたまものだといえる。

玉野市は、これまで「造船の町」という一つの言葉で紹介されてきたが、下請中小企業間の連携やその他の地域資源を活用しながら、製造業とともに、サービス業や観光業、小売業など第三次産業の活性化により、新しいまちのイメージを創りあげていきたいと考えている。

さらに、今後、団塊世代の大量退職が訪れる。三井造船の退職者を念頭に、彼らが地元に目を向け、「第二の青春」として、大企業の中では果たすことができなかった夢を、地元の中小企業の中で、あるいは自ら地元で起業することにより、果たすことができれば、彼らだけでなく、彼らに続く多くの人びとがこのまちに住み続け、地域の活力をさらに高めてくれることになると期待している。

女性メンバー成長への期待

二〇〇六年度からこの塾に新たに加わった女性メンバーは、一人は㈱金田板金工業所・専務取締役の畑島美緒さん、もう一人は市まちおこし課主査の藤原記子さんだ。おしゃべり好きで華やかなだけでは

写真11―２　関塾の面々、右から藤原記子さん、松原静香さん

ない。お二人とも子育てをしながら、自社の新製品の販路拡大に、あるいは地域の産業振興の勉強にと、自らを高めていると感じる。

「ものづくりは人づくり」「企業は人なり」と言われ、産業振興の分野に限らず人材の重要性は誰しもがうなずくところだが、その育成となると試行錯誤を繰り返すものである。この女性たちのパワーを塾の中だけでなく、地域の中小企業群に広げていくことができれば、次の一歩を踏み出す「勇気」になるのではないかと考えている。

以上が、進化の途中にある関塾玉野の現状である。これまでの活動で取り組む課題や方向性を掲げ、また、実際に職人塾等の取組みをはじめてきたが、これらは、実のところ既に何年も前に関塾長から、陰に陽に指摘されてきた事柄に通じることばかりである。

そうした意味では、やっと若い人材が集まり、志を高めた集団の形成が進んできたのだと思われる。「企業城下町・玉野」の中小企業が明日への一歩を踏み出

すための「希望」が、この塾から広がり、真の意味で「挑戦する町」となることを期待して、今後の活動に取り組んでいきたい。

4　関塾瀬戸内の取組み

瀬戸内市は、全国で進んだ市町村合併の波にのって、二〇〇四年一一月一日、旧邑久《おく》郡三町（牛窓町、邑久町、長船《おさふね》町）が合併して誕生した人口約四万人の市である。同じ郡内の合併であり、従来から行政的なつながりも強かったが、実際に一緒になってみると、お互いに知らないことも多く戸惑いもあるようだ。瀬戸内市は、その名のとおり、瀬戸内海に臨み、山海里河すべてを擁す。平野部に広がる水田、オリーブ園のある丘陵から望む「日本のエーゲ海」と称される景色、竹久夢二の生家、名刀の代名詞「備前長船」で知られる「長船」の地など、歴史的・文化的資産が豊富である。

瀬戸内市の農業産出額は、水稲のほか、ぶどうやハクサイなどの果樹や野菜、花卉を中心に県内第三位であり、また、「岡山かき」の名で親しまれている牡蠣やのりの養殖も盛んである。一方、商業施設は少なく、製造業も一部大手企業を除き集積はなく県内一五市の中で九位と、第一次産業主体の市と言える。

関塾瀬戸内の開講と活動

新しく誕生した瀬戸内市は、合併により潤うはずだった財政も、他の自治体同様、一向に改善する兆

写真11―3　虫明湾の牡蠣筏

しをみせない。頼みの第一次産業も、就業者は減少傾向にあり、高齢化も進んでいる。第二次産業・第三次産業を担っている誘致企業は、税収に貢献しているが、就業者はパート・臨時職員の割合が高いなどの課題もある。

県では、地域産業振興のための勉強会「関塾」の開講に適した地域を模索していた。県下で一番早く合併により市となった瀬戸内市は、他の合併市町村の産業振興のモデルになりうる地域として恰好の的となった。必ずしも十分とは言えない産業集積の様子は、かえって伸びしろが存分にあることを示している。これまで産業振興と言えば二次産業を中心に据えてきたが、第一次産業主体のまちであることも含めて、新市一丸となって産業振興に取り組むモデルとして、関塾瀬戸内は開講されることとなった。

関塾瀬戸内の専任講師には、塾長から農産加工に強いと推薦いただいた遠山浩氏を迎えた。市の呼びかけに応じた熱意ある事業者の方々八人に、商工会、市・

県職員等を加え、総勢一九人で活動を開始した。専業農家、造り酒屋、プランニング、印刷業、道の駅の支配人など、実に様々な職種の集まりである。当初、互いに遠慮しがちな雰囲気もあったが、塾後の懇親会を重ねるうち、お酒の力も相まって忌憚のない意見交換、いや、むしろ各人の日頃温めている思いが、披露・主張されるようになった。塾は、瀬戸内市がもつ産業資源の洗い出しから出発し、予想以上の質の高さ（地域住民には身近すぎて気づかないらしい）にも関わらず、あまりにも活用されていないそれら資源をどう活かすか、を議題とした。その中で、合併という特殊事情もあり、塾生自身、瀬戸内市の市民でありながら、瀬戸内市がもっているもの（合併前の他町に存在する資源）を認識できてないという現状が浮き彫りになったのである。

瀬戸内検定

まず自分たち、つまり地域住民が自分たちの持つ資源を「知る」ことが先決！と考え、行き着いたのは地域の情報を試験問題にする地域検定である。蘊蓄ブームにあやかるのも一つの手である。出題内容については、塾生から次々とあふれるがごとく興味深い問題が提案される。それぞれが自分の得意分野を披露するわけで、非常に盛り上がる。思わず「へぇ〜」と言ってしまいそうになる。塾生にとっても良い「知る」機会だ。お互いにそれぞれが地域を愛おしく思っていることが窺えた。

次の段階、これらの問題を使って検定を実施・運営する話になると、検討事項が山積みである。受検の魅力は何か、検定自体のＰＲはどうするか、受検対象年齢はどうするか、それによって出題の難易度も異なってくる。受検会場はどうするか、さらに、検定という少し固めのネーミングの割に、出題問題に関連したヒントツアーや、出題された食材の試食会の開催など斬新な提案も出てくるなど真剣な議論が展開された。列挙された検討事項に対して、提案のあった解決策を組み合わせ、どのように解決していくのか、これを詰めることを通じて、塾生の思いを一つにまとめ上げていく作業を進めていくことになる。

牡蠣のおかき

地域検定と同時進行で注目されたのが、牡蠣である。瀬戸内市自慢の牡蠣をどうにか地域おこしに使えないか。牡蠣の名前にヒントを得て、牡蠣を練り込んだおかきをつくってみることになった。駄洒落をきかしたネーミングにメンバーのテンションも上がったようで、話はトントン拍子に進み、提案の翌日に、早速市内の製菓会社におかきの試作を依頼した。瀬戸内市職員のフットワークが軽いことに加え、思いつきのような新商品の試作を快く引き受けてくれる製菓会社の存在はありがたい。牡蠣の粉末及び干し牡蠣を練り込んだおかき、それぞれサラダ味、醤油味の試作品が一月後にできあがった。感想は、賛否両論、このままで万人うけというのは難しいという見解で一致した。牡蠣独特の臭いが吉と出るか凶と出るか。コストをカバーできる最低限の収益は見込めるか。

新商品開発の道のりは遠いが、それにしても、この塾の活動の中から一つの形ができあがった意義は大きい。塾が活発な活動を継続するためにも、目に見える成果は励みとなる。

試作した牡蠣のおかきを地域の催しで販売したところ完売した。物珍しさに引かれた購買が大きいのだろうが、まず「知る」ということから言えば、嬉しい知らせである。関塾瀬戸内は、地域産業振興という共通のテーマのもと、官と民が同じテーブルについたばかりである。意見をぶつけ合いながら、アイデアを蓄積していき、いつの間にか、塾生達の思いが地域の人びとに伝わり、大きなうねりとなることを期待している。

5　三地域の今後の展開

このように、三地域の取組みは、進み具合もそのベクトルもまちまちである。関塾津山は、後継者育成のための塾としての位置づけを明確化し、刺激的な環境を自ら作り出しつつある。関塾玉野は、造船とのより良い関係を模索しながら地域産業のあり方を考える集団として結束が高まりつつある。また、関塾瀬戸内は、身近過ぎて今まであまり意識してこなかった豊富な地域資源をどう扱っていいのか戸惑いながら、自らの地域を見つめることから手を付け塾生の思いを結集しつつある。

この始まったばかりの三地域の活動を振り返ったとき、中心的役割を期待している企業経営者の塾への参加意欲が高まらず、本当の意味で活動が軌道に乗ったとは言えない面も見られるなど、まだまだ多くの課題があることも事実である。

人口減少社会を迎え、自分の生まれた地域で暮らしたい、そこは活気にあふれ素敵な地域であって欲しいとの欲求はますます高まっている。故郷を離れ都会へ就職してもいずれは帰りたいと考える人たちも増えてくるであろう。そうした要請に応えるためには地域産業の活性化は欠くことができない。始まったばかりの活動ではあるが、三地域が競い合いながら、それぞれの取組みを深化させ、いずれ全国から注目を集める時が来ると確信している。

（1）美作地域は、岡山県北東部一帯の旧国名。旧英田郡、勝田郡、久米郡、真庭郡、津山市をエリアとし、「作州」とも呼ばれる。

（2）「つやま夢みのり」については、沼泰弘「津山市／産学官民連携による食品開発」（関満博・遠山浩編『「食」の地域ブランド戦略』新評論、二〇〇七年）を参照されたい。

（3）とっこ泥は、新生代第三紀（六四〇〇年前〜一七〇〇万年前）の粘土質地層で、津山地方が瀬戸内海の一部だった頃、海底に堆積してできた無機質の土。

（4）企業城下町の玉野については、関満博・岡本博公編『挑戦する企業城下町』新評論、二〇〇一年、を参照されたい。

（5）職人塾は、現役・OBの熟練工を講師に若手技術者のレベルアップを図るとともに、中高生らを対象とした講習会を行うなど次代を担う人材育成を行う実践型体験研修。造船関連企業等一二社が実行委員会を構成。市民向けものづくり体験研修、地元企業への就職促進イベントも行う。二〇〇六年七月設立。

第Ⅲ部　多様な人材育成

第一二章　多様な人材育成の展開
――工業高校生から後継者まで（長井市）

横山照康

山形県長井市は、高速道や新幹線などの高速交通とは無縁な内陸の小都市である。しかし、この人口わずか三万一〇〇〇人のまちは、江戸時代の最上川舟運に端を発するのだが、近代工業史としては一九四二年に東芝長井工場を誘致して以来、企業城下町として発展したものづくりのまちとして歩んできた。現在の製造品出荷額は六〇〇億円、製造事業所は三〇〇から構成されている。製造事業所の内一五〇が電気、機械分野であり、製造品出荷額の約八割を占めている。

この製造業のまちに大きな変化が現れたのは九五年頃のことである。この時から、中心企業の縮小、清算へと続く流れの中で、産業振興の中心課題を人材育成と見定め、今日に至っている。

1　ポスト企業城下町

ものづくりの最盛期は、一九九〇年頃であり、その頃の製造品出荷額は一〇〇〇億円を超えていた。また、この頃が東芝長井工場を前身とし、コンデンサーの専門メーカーであるマルコン電子の最盛期でもあった。最盛期の同社は関連会社を含めて長井市の製造業就業者の三割にあたる二〇〇〇人を雇用し、製造品出荷額では全体の四分の一である二五〇億円を超えるなど、典型的な企業城下町を形成していた。

この企業城下町に明らかな変化が現れ始めたのは九五年頃のことである。この頃、製造業の海外シフトが目立ち始めていたが、マルコン電子の関連会社では従業員の整理が行われ、本体でも製造品出荷額が最盛期に比べて半減していた。また、この同時期に市内製造業に人材を供給してきた地元工業高校の統廃合問題が起こり、さらに、マルコン電子の株式譲渡の発表が追い討ちをかけたのである。

小振りな地場企業群の振興をスタートに

長井市は、マルコン電子の株式が東芝から日本ケミコンに譲渡される事態を受けて、九五年に企業と行政による協議の場を設け、また、企業調査を通じて、市内製造業の状況を理解していった。

市内製造事業所の調査結果では、先端産業はほとんど見当たらず、海外シフトの影響が最も心配される労働集約型のアッセンブリーを中心とする企業が目立っていた。しかし一方で、ものづくりを根底で支える金属加工やプラスチック成型などの基盤的技術が地場企業に蓄積していることが判明した。

雇用対策に主眼をおいた地方小都市の産業振興は、企業誘致中心である場合が少なくない。現在も誘致を優先する地域は多いが、その結果、集積された技術の構成は必ずしも系統的なものにはならない。一方、長井市は中心企業が進出して以来六〇余年を費やし、その裾野に系統だった技術を集めたため、金属加工やプラスチック成型などの比較的まとまった集積があり、省力化機械などの専用機メーカーなどがいくつも存在していることが注目された。

こうした集積構造を産業振興資源としてみると、市内企業の多くは、必ずしも先端産業や研究開発などを担う業種ではないものの、先端産業や研究開発に必要なものづくりを根底で支える「基盤技術」に属していることが理解された。さらに、コンデンサーという一定の製品を作ることのできる能力を持って集積したことから、個々の企業のレベルもさることながら、地域企業全体の構成がバランスのとれたものであることも理解された。

こうした、基盤技術中心の地場企業への注目には、そうせざるを得ない地域の事情も横たわっていた。仮に、中心企業に代わる企業の誘致を試みる場合、長井市は二つのハンデを背負っている。

一つが、交通上の問題である。かつての最上川舟運は産業発展に大きく貢献したが、現在は、山形新幹線や東北中央自動車道等の整備により、長井市は高速交通とは無縁となっていった。現在の長井市は袋小路の状況であり、よほどの求心力を持たない限り、他の圧倒的な好条件をもつ地域に対抗できない。

また、二つ目は、仮に企業を誘致するとしても、その規模は相当限定的である。というのは、三万一〇〇〇人の規模で、あるいは周辺の町と併せても六万五〇〇〇人程度の人口規模でそれなりの企業を誘致すると、人員確保が極めて難しい。かつての中心企業並みの企業を誘致した場合には、せっかく六〇年を費やし築いてきた企業集積のバランスを崩すことにもなりかねない。今後の展開も期待できる基盤技術系企業の集積を壊してまで、一過性のものかも知れない企業誘致に走ることは得策ではない。

したがって、企業城下町崩壊という危機にあって、長井市が選択した振興策は、先端産業や研究開発とは直接無縁の、基盤技術を中心とした地場企業群の振興なのであった。

人材育成の必要性

地場企業群の振興に地域の将来をかけるといっても、課題は少なくない。かつての中心企業は地域経済の根幹を担っていた。まず受注関係での対外的な交渉役であった。対外的な交渉の中で、地域への受注を拡大し、その中で地域の企業を育てるといったインキュベーション機能も果たしてきた。長井には、中心企業の下請けから発展した企業や中心企業出身の経営者を持つ企業は少くない。

また、新卒者の初歩教育や各製造工程の技能者育成、改善等の技術波及においても重要な役割を果たしてきた。長井市の製造事業所の従業員規模は、平均で一五人程度である。こうした規模の企業が新卒者の系統だった訓練や技能者育成を行うことは困難である。就業希望者の大手指向などとも関係して、中小企業が技能や技術教育の担い手となる機会はほとんどなかった。

こうした中心企業との機能を比較し、差を埋めていくことが、中小地場企業群を軸とした産業振興策の中心となるであろう。この差を課題として整理すると、第一番が中小企業における渉外力の充実である。平均一五人程度の企業の営業担当は社長か息子である後継者である。これまで、市内及び近辺の狭い範囲の付き合いであれば、社長の顔による営業ですんだであろう。これを全国どこでも通用する営業技術へと進化させる必要がある。後継者や中堅社員のスキルアップが検討された。

また、第二の課題は技能、技術の教育である。とはいっても、中小企業の状況は企業城下町崩壊以後さらに厳しい。中心企業に代わってそうした分野を直に担うには相当問題があった。これらの課題に対応するため、企業と行政が協力して知恵を絞ることになった。

2 人材育成事業のフレーム

中小企業を主力とした地場企業の振興課題として、若手経営者と中堅社員のスキルアップ、そして技能者育成が指摘され、長井市における「人材育成」のフレームが導き出された。こうした課題が整理されたのは、一九九五年から九七年にかけての「産業立地指針検討委員会」においてであった。現在も必要に応じて企業との協議の場を設けているが、このとき整理された基本的な方向はそのまま踏襲されている。

マイスター塾とものづくり伝承塾

若手経営者や中堅社員のスキルアップを目指す取組みは、九八年から二〇〇二年まで、当時の労働省の補助を受けた「NAGAI次世代マイスター育成事業」で行われた。長井の場合は「マイスター」とは企業や社会で中心的役割を担える人材」という意味で使っている。約四〇社の会員企業、商工会議所や工業高校などの関係機関で構成された協議会により、中小企業が、今後、大手企業と直接わたりあうために必要な情報把握や構成力、表現力などのプレゼンテーション能力等の講座を設け、七六人が参加した。この事業により、これまで希薄だった企業間の横の関係が生まれ、各企業の技術や設備についての理解が経営者だけでなく技術者間でも深まった。この事業を通じて、こうしたポスト企業城下町の展開に必要な企業間の関係を塾生自身が発見したことが大きい。

ＮＡＧＡＩ次世代マイスター育成事業は、五年を経過した時点でひとまず終了した。企業から継続の希望もあったのだが、従業員数の平均が一五人程度の企業が、継続して塾生を派遣することは困難であり、この五年で該当者がほぼ一巡したものと考えられることから、次の段階を模索することにした。

「ものづくり伝承塾」は、長井商工会議所を事業主体とし、マイスター育成事業の後継事業として二〇〇三年にスタートした。当初、伝承塾の事業でもマイスター育成事業と同様のカリキュラムを設けたが、先の理由で断念した。一方、企業の発案で技術移転に関る事業に新しく取り組んだ。この事業ではマイスター育成協議会のような主体的な組織は設けなかったが、いくつか自主的な活動を行う企業グループが連携して取り組んだ。技術集積を目的とした事業では、各企業が市外、市内それぞれに発注している加工品等とその額の洗い出しが行われ、特に市外に発注されている加工品についての検討が行われた。市外への発注品の技術課題を分析し、内製化しようとするものだったが、分析の結果、技術的課題よりも価格の問題であることが判明し、技術的な集積活動への発展は少なかった。

「ものづくり伝承塾」はこのように、かつてのマイスター育成事業を経て、いくつかの実験的な取組みと検証が行われた事業だった。二〇〇五年までの三カ年行われた事業では、成果らしい成果を見ることはできなかったが、今後の人材育成事業の行方を左右する大きな種がまかれた時期でもあった。現在既に発芽しているのだが、その内容は後の節で紹介する。

高校生の技能検定

技能教育の分野で各中小企業が、かつて中心企業の担った人材育成を肩代わりしていくことは困難である。一定の場所で集中して育成が行われることが効率的であり、効果的である。

長井市には、一九六二年に開校した山形県立長井工業高等学校がある。九五年頃の同校は、少子化やものづくり離れの影響で定員割れの状況にあり、存続の危機に直面していた。また、同校への評価は、トップクラスの子ならば周辺校とも遜色ないが、全体となると行き場のない生徒が集まる学校といったものであった。長井市内には進学校である普通高校があり、通学圏域には、老舗の米沢工業高校がある。そうした学校の生徒と比較されると評価は低かった。しかしながら、長井工業高校は卒業生の八割が地元の企業に就職し、地元産業に対する最大の人材供給源であった。中心企業も長井工業高校から多く雇用していた。中小企業を中心とする長井市の産業振興の上で重要な鍵を握っている学校と考えられた。

長井工業高校への最初のアプローチは、存続に対してであった。声を上げたのは同校の支援組織である。同校にはPTAは勿論、同窓会や後援会などの支援組織があるが、そのトップは往々にしてものづくり企業の関係者が多い。こうした方々は、学校とものづくり現場とを同時に見ることになり、同校の必要性を感じ取っていた。存続に対しては、企業と行政が手を組み市民運動が展開された。この運動の成果として二〇〇一年に老朽化した校舎が立て替えられ、同校の意義が市民にも深く理解されていくことになっていった。

もう一方のアプローチは、前述のNAGAI次世代マイスター育成事業からである。個々の中小企業では困難な技能教育を工業高校と連動しようというものである。つまり、高校の在学中に、できるだけ高い技能を身につけることによって、入社後の育成を軽減しようというのである。具体的には、国家資格である技能検定に挑戦した。当時、高校生程度を対象とした三級が創設されて間もない時期であり、

写真12—1　長井工業高校の技能訓練

全国的にも事例が少なかった。山形県内ではまったく取り組まれていなかった。こうした取組みに対する工業高校側との意思疎通は、マイスター育成事業に先立つ二カ年で行われた。これもかつての労働省の事業である「技能振興推進プラン策定事業」によって、既に工業高校も交えた下地がつくられていた。

高校生の技能検定受験に対する支援の一つとして、マイスター育成協議会を通じてマイクロメーターなどの測定器具類やバイトなどが寄付された。この取組みにより、九八年に、初めて普通旋盤で三級技能士が誕生した。現在は、延べで普通旋盤三級三三人、普通フライス盤三級九人が合格しているが、さらに機械加工以外でも電子機器組み立て三級一五人、シーケンス制御三級一人、建築配管三級二七人、そして建築配管二級五人と二級技能検定の合格者までも出すに至り、確実に定着し、さらに拡大している。

3　注目される人材資源

ここまでは、企業城下町の中心企業が担ってきた機能をいかに地場の中小企業群、および工業高校で組織的に肩代わりをしていくかという視点の人材育成を説明してきた。しかしながら、そうした視点だけでは、現状維持までで、今後の可能性を拡大することは難しい。将来の産業振興を牽引できる可能性を持った人材の育成や発掘、そしてそうした人材の発想と活動を導き、支援していくことが求められる。幸い、これまでの人材育成に関する事業を通じて、企業の後継者、若手技術者、工業高校などでそれぞれ可能性を持った「顔」が鮮明に浮かび上がってきた。人材資源として注目されるこれらの「顔」をどのように刺激的にネットワークしていくかが重要な課題となっていったのである。

西置賜工業会次世代グループ

マイスター育成事業が終了し、主体となった協議会が解散した時期に合わせたように、市内で活動していたいくつかの企業グループが統合された。二〇〇一年当時の長井市を取り巻く状況は、ITバブルの崩壊といわれた時期で、半導体やコンデンサーなど電子部品に関る企業は軒並み売上を大幅に落としていた。市は企業に「産業活性化会議」を呼びかけ、対応を検討していたのだが、この中から先に紹介した技術集積のための外注品の検討事業などが実施されていく。そうした事業の賛同者を増やすために、二重三重に重なっていた企業グループが統合され、三〇社からなる西置賜工業会が発足した。西置賜とは長井市を含む周辺三町を合わせた地域のことである。

この西置賜工業会において特筆すべき点は、設立当初から「次世代グループ」を併せて発足させたことである。西置賜工業会の会長は㈱マークの中島良雄社長が当初から就任されたが、「次世代グループ」の発足は地域の次代を担う若者の自由な発想を引き出したいという中島氏の強い希望によるものである。後に、この若手グループは前述の「ものづくり伝承塾」で頭角を現していく。

二〇〇三年も残りわずかとなった頃、「ものづくり伝承塾」ではプレゼンテーション能力、技術移転等の事業を進めるものの、予定した成果が得られず苦戦していた。一方、その伝承塾の企画、推進部隊となった次世代グループでは、平行して製造業の振興戦略や新たな人材育成の実践事業を検討していた。この時、彼らが課題としたことは、ポスト企業城下町のイメージ戦略と技術研修であった。これはかつて、東芝の城下町、弱電のまちとして知られていた長井市の新しいイメージを地域技術から見出し、発信しようというものであり、これまで実現できなかった技術へのアプローチを試みるものであった。

そうした検討から実現へ一歩踏み出すきっかけとなったのは、二〇〇三年一一月に市内で開催した「おきたま技能フェスティバル」である。この技能フェスティバルでは、次世代グループが主体となった企業の展示やものづくり体験コーナー等とともに、マイクロマウス東北地区大会を開催していた。このマイクロマウスというのは、三メートル四方に一八センチ幅で設けられた迷路を、自立型のロボットが経路を探索し、スタートからゴールまでのタイムを競う競技だが、長井市では八七年からオープン大会を開催してきた。その参加者の中に、個人開発による二足歩行ロボットの父といわれる森永英一郎氏がおり、技能フェスティバルをきっかけに次世代グループとの交流が始まっていった。

森永氏との交流は、ロボットを地域技術のシンボルとして位置づけ、その開発と発信をテーマとする活動のヒントをもたらした。なぜ、長井市においてロボットなのかといえば、マイクロマウスはもちろん、少年少女ロボット教室を長く開催してきたこと、そもそも地場の企業に装置メーカーが多く、さらに多数の部品加工の事業所にも波及しているなど、ロボットによって地域技術をわかりやすく説明できるのである。イメージ戦略と技術集積のテーマとして最適だったのである。

ロボット・プロジェクト

活動は昌和製作所専務の小関博資氏や吉田製作所専務の吉田重成氏、朝日金属工業の加藤雅浩氏など若手を中心に開始された。当面の目標は、森永氏も参加している二足歩行のロボットバトル大会ＲＯＢＯ－ＯＮＥへの出場とした。しかし、従来の次世代グループのメンバーは、企業の後継者やロボットには関係ない分野を専門とする技術者もおり、必要な人材は不足していた。しかしながら、既存の部品を使って、まずは二足歩行ロボットを作ってみようという段階になると徐々に人材が集まってきた。

まず、マイクロマウスの経験者で全国大会でも上位入賞の経験を持ち、家業が有機野菜などを扱う長井村塾の横山直幸氏が加わった。寺嶋製作所社長の寺嶋宏武氏は、回路や制御に詳しい技術者の松浦一樹氏を送り込んでくれた。さらに、マイクロマウスや教育用ロボットで蓄積を持つ長井工業高校の山科尚史教諭、竹田晴誉教諭も参加してくれた。そして、山形大学工学部の先生方や学生との交流も始まった。特に学生の馬場稔さんはレギュラーメンバーとなっている。今やほかにも、ロボットに必要な鈑金加工や切削加工を手伝ってくれる多くのメンバーが加わっている。まるで梁山泊のように続々と人材が集まってきている。

ロボットによるイメージ戦略を掲げ、ＲＯＢＯ‐ＯＮＥへの挑戦を表明して以来、新聞各社、テレビ等の取材を受けることが多くなり、ロボットにより長井市製造業を発信している。二〇〇六年九月には第一〇回ＲＯＢＯ‐ＯＮＥの全国大会を長井市で開催した。年に二回開催され、五年目を迎えたこの大会は、本来、東京や神奈川を主戦場としてきた大会であり、地方で行われるのは二〇〇五年の高山市に次いで二度目、東北では初めてであった。主催者であるＲＯＢＯ‐ＯＮＥ委員会の西村輝一代表が、長井市産業振興への取組みを評価し、応援してくれたのである。

この大会の参加者は、全国はもちろん韓国やアメリカなど多様である。一一三台が出場した大会で長井のロボットは予選八位という好結果で上位三二台が進むことのできる本選に出場を果たした。決勝トーナメントでは一回戦敗退という残念な結果だったものの、予選の好成績により技術力の高さを示すことができた。実は、大会参加者のほとんどは大手電機メーカー、自動車メーカー、大学などの技術者、研究者である。こうした中に、中小企業で取り組んだ長井市のチームは特異な存在である。当日設けた市内企業の展示コーナーは、こうした専門家の目に留まり、例年の産業祭よりも反応が大きく、後日問い合わせ等をもらった企業もあった。

一点突破の手法で取り組んできたロボット・プロジェクトは、一方で市内の異業種交流といった波及効果を生んでいる。例えば、地元で有機栽培を行う農家から必要な装置の開発を依頼された。また、地元の若手菓子職人から焼き菓子用の型の製作依頼も持ち込まれた。これらの中には直ぐにはできないものもあるのだが、地域の人びとにも長井のものづくりが理解してもらうキッカケになっている。

写真12—2　ロボットファクトリーの面々

長井機械工業協同組合亦楽会

こうしたものづくりの若手が実践してきた事業の中心を担う集団がある。八九年に設立された亦楽会《いきらく》である。亦楽会は、七二年に設立された長井機械工業協同組合の二代目、三代目を中心に組織されている。現在、メンバーは九人。年齢構成は三〇歳そこそこから四〇歳半ばまでである。二代目、三代目とはいうが、社長の弟やマイスター塾の一期生でもある技術者もいる。亦楽会本来の活動は、経営、生産についての研究会や共同受注等であるが、そうした自前の活動のほかに、次世代グループの一員として、また、ロボット・プロジェクトの推進者としても活躍している。二〇〇六年一〇月には「全国若手ものづくりシンポジウム」を長井市において開催した。前年柏崎市での交流会がきっかけで恒例化しつつある事業だが、長井市開催の実現に尽力されたのは亦楽会会長、齋藤金型製作所専務の齋藤輝彦氏である。亦楽会は、こうした全国ネットワークとの窓口にもなっている。

人材育成の大義名分を掲げても、求心力を発揮、維持するには大変な労力が必要とされる。そうした意味で親子二代、三代と続いてきた強い結束を持つ組合をベースとする亦楽会は、多様な人材ネットワークの核ともいえる存在なのである。

山形県立長井工業高等学校

西置賜工業会次世代グループ、ロボット・プロジェクトや亦楽会など、企業の若手達はそれぞれに絡み合い、立場を使い分けながら多様な活動を展開している。今やそうした活動の重要なパートナーとなっているのが山形県立長井工業高等学校である。

実は、長井工業高校は、現在のこうした状況になる以前から、特徴ある活動を行ってきた。その一つが前述のマイクロマウスである。マイクロマウスが長井に定着するキッカケをつくったのは同校である。国内では、八〇年に「第一回全日本マイクロマウス大会」が科学技術館で開催されている。これに刺激を受けた長井工業高校の電算機部の生徒が独力で製作に取り組み、八四年の第五回大会で全国一三三台中、高校生で唯一予選を突破、一四位の成果を残した。そうした成果が評価され、八七年以来、東北地区大会を長井市で開催している。もちろんこの間、長井工業高校においてはマイクロマウスの技術が歴代の電算機部員によって受け継がれて来ている。(2) 二〇〇六年一一月には「第二七回全日本マイクロマウス大会」を長井市において開催している。なんと長井市でこの年開催されたものづくり系三つ目の全国規模の大会であった。

マイクロマウスが、現在のロボットや企業連携の先駆的な役割を果たしてきたことは間違いない。その他にも、長井工業高校と地域が連携した事例には事欠かない。最近では、同校の最寄り駅であるフラ

写真12―3　除草ロボット／デジ鴨

ワー長井線あやめ公園駅の駅舎と駐輪場を、地元企業からの材料提供を受けて生徒たちが製作している。

また、ロボット・プロジェクトの紹介で触れた有機栽培農家からの依頼装置とは、実は田の除草ロボットなのだが、この試作を高校生が担当し、走行試験などを行っているといった具合である。こうした工業高校に対し、企業側からはロボットなど専門分野の出前指導、技能検定の訓練のための材料の提供や訓練指導はもとより、中には旋盤を寄付された企業もあるなど、多様な支援で応えている。こうした取組みは、マスコミ、研究者によって全国に発信され、県立の工業高校というごく普通の学校に、現在、多くの視察者が訪れているのである。

4　今後の課題と期待

人材育成についての取組みは、既に各地で行われ、メニューはほぼ出揃った感がある。長井市においても、情報、技能、改善等の総合的なメニューづくりを試みた時期もあった。しかし、地域の集積規模から総合的なメニューの提供には無理がある。産業構造をほぼ同じくする隣町を含めても人口六万五〇〇〇人、電気機械分野の製造事業所数にして二五〇、平均従業員一五人の地域では、規模が小さすぎる。あるいは、もっと広域的にとの県の提案もあるが、製造業の集積構造が違う他市での研修に、往復二時間をかけて参加できる企業はお互いの地域を合わせてもさらに少ない。

私たちは、こうした分野の話し合いを幾度となく繰り返してきた。長井市のような舟運であるとか、疎開であるとかといった幸運によってここにあるものの、今後はそうした幸運が訪れそうもない地域の場合、現在の当事者である企業が、特に時代を担う若手人材が、この地域とものづくりに「希望」を持ち続けられることが何よりも必要である。

産業振興の基盤と行政の役割

長井市のような企業城下町が崩壊した場合の最大の懸念は、核を失った地場中小企業の分散である。これまでは、中心企業が地元企業を束ねてきた。束ねないまでも地域のイメージシンボルとして機能してきた。また、地元企業は、そうした関係の中で受注と技術集積を進めてきた。地域がそうした関係を失えば、企業は地域へ立地する意味がなくなる。意欲のある企業ならば、新たな関係を求めて全国や海外に製造拠点を移す場合もある。かといって、前述のように、交通インフラに恵まれない長井市が、かつての中心企業と同規模の企業誘致に成功することはほとんど困難であろう。こうした状況で地域経営を考えると、企業城下町に代わる関係として立地企業のコミュニティを考える必要が出てくる。

次世代グループ、ロボット・プロジェクト、そして亦楽会はそれぞれに目的を持った集団だが、さらに多様な集団が絡み合い、全体としては一つのコミュニティとして強固なつながりを持って欲しい。そうした状況をステップとして、次の産業振興を考えていきたい。

こうした企業のコミュニティを目指す場合に行政が果たすべき役割は、企業とビジョンを共有し、信頼関係を結ぶこと、そしてものづくりに対する地域住民の理解を導くことと考える。長井市はこの十数年をかけて企業や工業高校との信頼関係の形成に努力してきた。この十数年の成果は、そうした信頼関係の中で、企業や工業高校と共に人材育成などを実現したことにつきる。今後さらに、ものづくりに対する地域住民の深い理解を得て、長井市のものづくりが時代の要請に応えていければ幸いである。

（1）マイスター育成塾は、横山照康「企業城下町から人材育成へ――山形県長井市の取り組み」（関満博・横山照康編『地方小都市の産業振興戦略』新評論二〇〇四年）を参照されたい。

（2）山形県立長井工業高等学校『あゆみ　創立四〇周年記念誌』二〇〇二年。

第一三章　モノづくりの出来る人づくり・寺子屋
——新たな産業化の基礎をつくる（宮古市）

佐藤日出海

宮古市は、二〇〇五年六月六日に、「宮古市」「田老町」「新里村」が合併し、新たに「宮古市」として誕生した岩手県東部の太平洋岸に位置する本州最東端のまちである。東京から宮古への交通は、東京～盛岡間は新幹線で二時間半、盛岡～宮古間は列車又はバスで二時間一〇分を要する。人口五万人以上の市では、「最も東京から時間距離が遠い市」と言われる地域でもある。

二〇〇五年の国勢調査人口は六万二五〇人。面積は六九七平方キロであるが、典型的なリアス式海岸の地形となっているため総面積の五八・三％は森林に覆われ、可住地面積はわずか一〇・一％にあたる七〇平方キロしかない。

宮古市の沖合には、暖流の黒潮、寒流の親潮と津軽海流が交差する三陸漁場がある。三陸漁場は、「世界三大漁場」の一つに数えられる好漁場として知られている。サケ、サンマ、タラ、イカ、アワビ、ウニ、ホタテ、カキ、ワカメ、コンブなどの豊富な資源に恵まれ、漁業とともに海産物加工も発達した。一六一六年には南部藩唯一の藩港となり、江戸初期から乾しアワビ・煎ナマコ・昆布・フカヒレなどの海産物が長崎俵物として江戸、大坂、長崎を経て中国に輸出され、これを東廻り航路で運ぶ海運業が栄えた。近江商人をはじめ、全国各地から商人が集まり、商業都市としての性格も帯びていた。

また、宮古市を中心に、北は岩手県久慈市から宮城県気仙沼市にいたる約一八〇キロの風光明媚な海岸線は、一九五五年に陸中海岸国立公園に指定された観光ポイントでもある。中でも陸中海岸国立公園の最大の景勝地である「浄土ケ浜」には、年間一〇〇万人が訪れ、宮古市は、東北の観光拠点の一つにもなっている。

「水産と観光のまち」と発展してきた宮古市であるが、近年、地域の天然資源に全く依存しないコネクター・金型産業が急成長し、その産業集積が進んでいる。本章では、コネクター・金型の産業集積を契機とした宮古の「モノづくり」と「人づくり」の取組みについて紹介する。

1 コネクター・金型産業の発展と勝ち残る道

主力産業に成長したコネクター・金型産業

宮古の主力工業は、江戸期以降の漁業に依存した伝統的地場産業である水産加工業(1)、戦前の国策産業に端を発する鉱山資源を利用した銅精錬・肥料製造業、一九六〇年代からの港湾を活用した合板産業、一九七〇年代以降のコネクター・金型産業と、移り変わってきた(2)。

コネクターとは、電気機器や基盤を接続する電子部品のことである。現在、宮古で生産されるコネクターは、携帯電話、パソコン、デジタルカメラ、液晶テレビなどに使用される最先端の製品である。

宮古のコネクター・金型産業のスタートは、七四年にコネクター製造大手のヒロセ電機の子会社として、東北ヒロセ電機が宮古に進出したことによる。宮古への進出は、「大手メーカーが進出しない地域にあえて立地することで、優秀な人材を確保する」という方針があったからと言われている。工場の立ち上げ当時、宮古周辺は電気機械器具の企業は皆無であったため、工具や材料が全く無く、その調達をするだけで、大変な苦労があったという。

コネクターは、金属端子とプラスチック部品を組み合わせたものと、金属を切削して作るものに大別される。宮古で生産されているコネクターは、前者であり、製造工程数が多いため、地域内での分業化が進んだ。金属端子の製造、プラスチック部品の製造、金属端子とプラスチック部品の組立を行う工場とともに、金属端子やプラスチック部品を作るための金型の設計・部品製作・組立を行う工場が、首都圏から宮古市及び周辺町村に進出した。また、東北ヒロセ電機は、「ファブレス」という外注政策を進め、地域企業への徹底した技術指導を行ったため、新規に創業する地場企業が多数誕生し、現在のコネクター・金型の産業集積が形成されるに至った。

宮古のコネクターは、携帯電話などに使用される超精密な「マイクロコネクター」と呼ばれるもので、IT化の波に乗り、その市場は、全世界で著しい成長を遂げている。コネクター業界は、「専業メーカーが多い」「製品開発周期が早い」「製造工程が多い」「技術のブラックボックス化が進んでいる」などの特徴があると言われているが、特に近年は製品の小型化が急速に進んだため宅配便などの利用が可能となり、物流面での時間的なハンディキャップが克服されるようになったのも、宮古への集積が加速された一因となっている。

二〇〇六年一一月現在、宮古地域のコネクターと金型に関連する企業は三〇社を超え、従業員は約一七〇〇人、工業出荷額は二八三億円に達している。世界トップクラスの高い技術をもつ産業集積が宮古に形成されたことにより、ヒロセ電機以外の同業他社からの宮古地域への発注も増加したため、ここ数年は、工場の新設や増設が相次ぎ、年間一〇〇人を超えるペースで従業員数が増加している。また、二〇〇六年三月に高校を卒業し地元就職した一二二人のうち六七人は、コネクター・金型産業に就職するなど、若年者雇用の面でも地域に大きく貢献している。

岩手県は、大阪、東京に次ぎ全国第三位のコネクター出荷額を誇るが、その約七割を宮古地域が支えている。コネクター・金型産業は、宮古地域の主力産業に成長するとともに、宮古は国内を代表するコネクター産地となった。

合言葉は「日本一又は世界一」

日本国内のコネクター市場の規模は約五〇〇〇億円、国内のコネクターの生産額は約四六〇〇億円と言われている。コネクターは、電子部品の中では国内での生産割合が高いものの一つである。

しかし、コネクターも、他の電子部品と同様に、中国を中心とする東アジア諸国への生産移管が急速に進んでいる。例えば、パソコンの裏側などに使用されている統一規格のコネクターは、既に、国内ではほとんど作られていない。国内で作ることのできる製品は、「試作」「新製品」「海外では作れない難しいモノ」しかない。

また、電子部品は、セットメーカーが作る電気製品の中に組み込まれるため、組み込まれた電気製品の売れ行きに、受注が大きく左右される。さらに、電子部品に特有な数年周期の在庫調整の時期も必ず訪れる。

このような激しい競争の中で、国内で生産を続けていくためには、最先端の超精密・高機能・超小型・超軽量の製品を作るしかなく、ハイレベルな要素技術が要求される。さらに、高品質・低コスト・短納期であることが条件であるため、量産技術の面でも、常に世界のトップクラスのレベルであり続ける必要がある。「日本一」又は「世界一」の技術・品質を維持し続けることが、勝ち残りの条件となっているである。

「宮古金型研究会」

二〇〇〇年七月、宮古商工会議所の主導で、宮古周辺のコネクター・金型関連企業を対象とした金型技術者育成事業が始まった。「日本一」又は「世界一」であり続けるには、人材育成が不可欠であるとの認識からスタートしたものであった。宮古のコネクター産業の発達は、東北ヒロセ電機の進出が契機となっているが、現在、宮古地域で操業している企業は、ヒロセ電機の協力会社ばかりではない。ヒロセ電機の競合メーカーから受注している企業も多数あり、人材育成のためとはいえ、利害の異なる企業が同一のテーブルにつくことは、簡単なことではなかった。

さらに、二〇〇一年八月、地域で人材育成をしなければ、これからの世界的な競争の中では生き残れないとの危機感から、宮古地域のコネクターと金型に関連する企業一一社は、「宮古金型研究会」の設立に至った。設立趣意書には、次のような熱い思いが記されている。

「大手企業の海外シフトを受け、生産体制の見直しなどによる厳しい低コスト要求、高品質要求が企業の経営課題となっている。このような中、地場に創業した企業群は将来の経営活路を産業人材の育成と位置付け、地域外からの刺激を取り入れながら、次代の経営手法の確立と経営幹部人材の育成強化、技術者の育成、先端技術の追及など、産業の育成と自社の繁栄に資することを通して、地域経済の活性化を図るため、ここに宮古金型研究会を設立する」。

宮古金型研究会の会長には、地場企業のエフビーの田鎖巌社長が就任し、設立当初の事務局は宮古商工会議所が担当した。現在の会員企業は一六社となり、オイルシールを製造している岩手アライなどのコネクター以外の企業も加わっている。地域全体での技術研修や人材育成がスタートするとともに、企業のトップ同士が知り合うことにより、今までなかった地域内での受発注も進んだ。

ユニークな産学官連携組織として知られる「岩手ネットワークシステム」は、岩手大学工学部の若手教官を呼びかけで九二年に組織された岩手県最大の産学官交流の場である。略称は「ＩＮＳ」だが、大学側の敷居が低いことも有名で、「いつも、飲んで、騒ぐ会」とも称される。現在の会員数は約一二〇〇人、三六の研究会がある。二〇〇一年六月に、ＩＮＳに金型の研究会が設立され、ＩＮＳ岩手金型研究会との連携・交流も始まった。また、二〇〇一年一〇月に、宮古市と岩手大学は相互友好協力協定を締結したこともあり、現在では、ＩＮＳいわて金型研究会講演会や岩手大学の教員による金型講座も宮古で開催されるようになった。

「宮古・下閉伊モノづくりネットワーク」

二〇〇一年一一月、宮古地域の産学官連携組織として、「宮古・下閉伊モノづくりネットワーク」が設立された。初代の会長には、岩手県の出先機関である宮古地方振興局の郡野善義局長が就任し、事務局も宮古地方振興局が担当した。この組織は、それまで、宮古市が単独で進めていた工業振興施策を県の出先機関と連携して、「広域化」「他産業への拡大」を図ったものである。工業部会、水産部会、林産部会、農産部会の四部会と未利用資源活用研究会があり、それぞれの部会で、岩手大学の先生方にアドバイザーになっていただいた。現在の会員数は二五一。産学官連携のほか、「QCサークル発表会」「新製品開発発表会」「ジョブカフェ・サテライト」の運営等、多様な活動をしている。

工業部会の会長は、宮古金型研究会の会長も務めるエフビーの田鎖社長が就任した。さらに、宮古の誘致企業OBの安藤充氏が工業部会所属の産業支援コーディネーターとなった。安藤氏はお隣の秋田県の出身。中学校を卒業し、集団就職で東京に出て、印刷機械の製造工場に勤めながら、工業高校、大学を卒業し、沖電気に入社した。縁あって、コネクターの端子製造をしている企業の管理部長として宮古に単身赴任したが、宮古が気に入り、宮古への永住を決意した。定年退職後、地域に貢献したいとの本人の希望もあったことから、ほとんどボランティアに近い形で、産業支援コーディネーターへの就任をお願いしたものである。この安藤コーディネーターと田鎖社長の出会いが、後の「モノづくりの出来る人づくり・寺子屋」の原動力となる。

また、宮古の産業振興の特徴として、県と市の連携がうまくいっていることも識者から指摘されている。岩手県には県の出先機関である地方振興局が全部で七カ所あるが、いずれも商工担当部門が設置されている。さらに宮古地方振興局には、中居哲弥氏が産業振興特命課長として配置されたが、中居氏が宮古市出身で地域産業の動向に精通していたことも、さまざまな取組みが成功する要因の一つとなった。とりわけ、宮古地方振興局主導で、宮古市、宮古・下閉伊モノづくりネットワーク工業部会長、産業支援コーディネーター、宮古公共職業安定所、宮古商工会議所、岩手県立大学宮古短期大学部、岩手県立宮古工業高等学校、岩手県立宮古高等技術専門校、宮古職業訓練協会などの関係団体、いわてNPO事業開発センターなどのNPOも交えた「宮古・下閉伊地域産業人材確保育成会議」を組織化したが、これも地域の人材育成に大きな役割を果たしている。

2 「寺子屋」のはじまり

宮古の人材育成は、「宮古金型研究会」と「宮古・下閉伊モノづくりネットワーク」の設立によって、新たな局面に入った。企業と行政が、膝を突き合わせて話す機会が増え、互いに、率直な話ができる環境が生まれた。このような中で、企業から、次のような指摘・疑問が、出された。

① 県、市、県の関連センターなどで行う研修が、時期が重なったり、内容が重複している。
② 研修内容をみると、レベルが高すぎて、自分の会社の従業員には合わない。もっと、教えるべき、基本的なことがあるように思う。例えば、「何のために仕事をするのか」「会社とは何か」といった根本を教えないと、次に進めない。
③ 単発の研修ではなく、連続した研修を行い、じっくりと人を育てる方法をとるべきだ。

田鎖社長の提案

二〇〇三年九月、「宮古金型研究会」と「宮古・下閉伊モノづくりネットワーク工業部会」の会長を兼ねる田鎖社長から、全く新しい人材育成のスタイル＝「寺子屋」構想の提案があった。

田鎖社長は、次のように訴えた。

①　地域の将来を考えたとき、地域にモノづくりが出来る人を、いっぱいつくることが必要だ。技術者もワーカーも間接部門の人も、いい人材が必要だ。

②　最先端の機械を導入しても、使う人によって結果は異なる。機械の持っている性能を全て引き出すためには、機械を使いこなす人が問題となる。いい人がいない限り、モノづくりはできない。

③　「当たり前のことを、当たり前にできる人」を作りたい。仕事に対する意識や考え方ができていなければ、何を教えてもうまくいかない。

④　自社の従業員だけでなく、地域全体の他社の従業員も一緒に育てる。企業が、従業員に本当に教えたいことを選んで、必要なプログラムを自分達の手で作る。

⑤　地域全体で、時間をかけて、昔の寺子屋のように、人をじっくり育てていく。

⑥　自社の従業員を育てるのであるから、費用は企業が負担する。行政は、これをやれる仕組みを作って欲しい。

「モノづくりが出来る人づくり　寺小屋」

「寺子屋」の「志」に共鳴する企業は多く、とにかく実行に移してみることになった。提唱者の田鎖社長が「塾長」となり、第一期の寺子屋は、二〇〇三年一一月から始まった。現在は一〇回講座であるが、スタートは一二回講座であった。研修時間は、毎回、午後四時から～午後七時まで。

カリキュラムは、企業ＯＢの安藤コーディネーターと田鎖塾長が二人で決めた。仕事の考え方、職場

写真13—1　やすりがけを学ぶ

写真13—2　田鎖巌氏

のルール、品質管理、健康、法律など幅広い。製造現場にいる人たちが、製造現場のニーズから作りだしたカリキュラムなので、行政マンでは全く考えつかない内容のものもある。

講師は、地域内からほとんどボランティアに近い形で集めた。受講料は一人一万円。運営経費は、すべて受講料でまかなう。安藤コーディネーターが、精力的に講座の運営を担当した。

寺子屋の反響は大きかった。

「毎回、講座を終わって帰ってくると、楽しそうに仕事をしている」、「一〇回の講座が終わったら、顔つきが変わってきた」という声が、企業から聞こえてくるようになった。

最初は実験として行った寺子屋であったが、いつのまにか第七期を終了し、その卒業生は二三二人となった。毎回定員の三〇人を超える受講者があり、企業では、受講者をあらかじめ用意し、順番待ちの状態になっている。

3 「寺子屋」の魅力

研修レポートから

国の『二〇〇五年版ものづくり白書』に「寺子屋」が掲載されてから、いろいろな方が、宮古においでになり、「寺子屋」の魅力について質問をされる。

寺子屋は、午後四時から午後七時までの研修時間であるが、午後六時半以降は、毎回、その場の研修レポートを書く時間としている。全部の回を終了した後に、研修レポートを報告書として一冊の本にして、参加企業や受講生などに配布している。この報告書の研修レポートを読んでいると、「寺子屋」を通じて、受講生がどう変わっていくかが、見えてくるように思える。

「変わっていくこと」が、「寺子屋」の魅力である。

二〇〇六年五月から七月にかけた開催された第六期の報告書から、受講生の研修レポートの一部をそのまま紹介する。

●第一回（五月二三日）研修テーマ／基本の再確認
講師／株式会社エフビー　社長　田鎖巌氏
「寺子屋研修に参加して、今までの研修とは違い、色々な知識を身に付けやすいと実感しました。今、自分は、仕事をしているわけですが、『なぜ働いているか？』と聞かれたら、答えを言い切れませんが、本当は一番簡単でした。人生目標の達成。自分のしたい事にお金を使う、お金をもらうには仕事という条件がある。何事にも条件はあるのでしょうか？
　会社とは、永遠ではないと聞き、悲しくなりました。それなら、自分がいる間だけでも、最高のものを作り、最高の会社にしたいです。先輩が輝けば、後輩も輝き、会社の全体のスキルアップとなれば〝永遠ではない〟という言葉も、消せるのではないかと思います」。
●第二回（五月三〇日）研修テーマ／実践品質管理の入門
講師／ＴＱＭと生産革新のコミュニティーサポート代表　吉見登司一氏
「私の仕事は、包装です。良い仕事をするための品質管理ということで、自分の仕事にどんな風にかかわるか考えてみました。品質（ばらつき）製品だけでなく包装でも色々な面で、クレームになります。そのクレームを無くするためには、何をすべきか？　事実をよく見極めることだと思いました。今まで、品質という言葉は聞いていても、具体的な意味はわからず仕事をしていました。今日の話を聞いて、これから仕事をする上で自分の中で、何かが変ればいいと思います」。
●第三回（六月六日）研修テーマ／「働く組織（社会）」と個人の自立
講師／宮古・下閉伊モノづくりネットワーク　産業支援コーディネーター　安藤充氏

『人間は、一人では生きていけない』この言葉が一番心に残った。確かに、色々な人のおかげで生活していけるということは感じる。私も人に感謝されるような生き方をしたいし、人に感謝の気持ちを持ちながら生活すれば、今までと違った生活が出来る気がする。会社でも人と協力しながら会社のため、そして自分のためになるようがんばっていきたい。今日の講義は、仕事のノウハウというよりは、人として大事な部分を学んだ気がする。今日のことを活かし、自分を磨いていこうと思う」。

●第四回（六月一三日）研修テーマ／モノづくりについて
講師／岩手県立宮古工業高等学校　校長　及川敏昭氏
「日本の金型が世界でこんなにすごいというのは知らなかった。自分の仕事は、金型の会社ではないが、金型くらい世界で通用するようなそんな会社になれるよう、少しでも自分の力が会社に役立てればと思う。また、自分は工業高校の出身ではないので、今まで聞いたことのない、鋼の話など新しい話が聞けたことは仕事には直接関係ないが、いつかきっと参考になるときがあると思うので、頭の隅に残せればと思う」。

●第五回（六月二〇日）研修テーマ／自己実現に向けての方針管理
講師／ＴＱＭと生産革新のコミュニティーサポート代表　吉見登司一氏
「良い物を作るには、いい人でなければできない。自分の質を上げる物の考え方を良くする。自己実現をするための手段、手法の一つが方針管理である。自分がどうありたいか、夢やビジョンを持つ。実行宣言をすることが良い。上司に言われるままに作業をするのではなく、自分が仕事をする上で、目標をもつこと。目標達成する為に、自分がしなければならない事。勉強したり、スキルを上げていく。方針とは、道しるべ、目標値でＰＤＣＡを回し、仕組みを作り、管理する。

とてもわかりやすく教えてもらいました。自分で覚えたことを次の人達らにも教えられるようにしたいです」。

●第六回（六月二七日）研修テーマ／身近な法律の話
講師／宮古ひまわり基金法律事務所　弁護士　田岡直博氏
「弁護士は、今回ビデオで見た東京の弁護士事務所の様に、各地には、結構な数の弁護士がいるものだと思っていたが、実際は地方などには少なく、全く弁護士がいないことにより苦労している人びとがいることを実感しました。宮古市内でも、弁護士に相談する人が多いらしく何カ月待ちでなければ相談できないことにも驚いた。悪質業者による貸付の手口、利息制限法等々を学び、今後、借金をする際には注意したいと思った」。

●第七回（六月二七日）研修テーマ／ＩＴの活用　（パワーポイント）
講師／岩手ＮＰＯ事業開発センター　理事　岩見信吾氏
「エクセル・ワードは会社でも使用するのですが、パワーポイントを使う機会があまり無いので、今回はとても楽しみでした。事前に用意してきた文章が、サークル発表大会などで見るようにスライドショーで見られるように作られたので、とてもうれしく感じました。今回教えて頂いた内容を忘れないように時間を見つけてパソコン操作の上達を目指したいと思います」。

●第八回（七月一一日）研修テーマ／企業の現状と社員像

講師／東北ヒロセ電機株式会社　工場長　二階堂和久氏
「初めは、何を言っているのか分かりませんでした。ビックバン？　仕事と関係があるのか？　役に立つのか？　理解に困りました。今まで考えたことのないことばかりでした。変化。自分は十年前から変化しているかと考えると、少し怖いです。周りの変化に気づいているか？
今の仕事をしている場所は、日本のはずれの遠い場所です。見えていない人です。見える人になるにはどうしたらよいか？　一生学習。何を学ぶべきか？　自分はどんな目標を持つか？
一つ大きな目標を立てたいと思います。目標を達成するには、今日、学んだことを活かしたいと思います。本当に学ぶべき自分に、気づかされました」。

●第九回（七月二〇日）①研修テーマ／サイバー犯罪について
講師／岩手県警察本部　サイバー犯罪対策室　室長　松村和幸氏
「ネット上での犯罪、トラブルなどたくさん教えてもらい大変勉強になった。また知らないうちに犯罪になっている場合もあることをも知った。自宅でもインターネット、インターネットオークションを利用しているので、今日学んだ事を参考にして気をつけて利用したいと思う」。

②研修テーマ／健康について
講師／宮古保健所　保健衛生課　主任主査　中島あやこ氏
「ストレスと健康の話では、今の自分にあてはまるものが結構ありました。普段の生活や職場での環境の事が多く、自分自身そう感じる時もあったりして少し不安になることがあります。自殺の事は、岩手県が全国のワースト三位で多くの人が亡くなっている事を初めて知りました。色々な原因がある中、ストレスによるものが多いという事で、今の自分を知り、『うつ』や『ストレス』に負けないように対処し、生活の改善や職場での意欲向上できるよう、今回学んだ事を生かそうと思いました」。

●第一〇回（七月二〇日）研修テーマ／市民と行政の関係
講師／宮古市長　熊坂義裕氏　宮古地方振興局長　大矢正昭氏

「最後に市長と振興局長の話を聞けて、大変うれしかったです。自分のすんでいるまちの状況などが、正直、全然分かりませんでした。というか、関心が無かったです。今回、市長の話を聞いて、この宮古の『人づくり』に力をいれていることが、大変うれしかったです。

自分は、コネクターの仕事をしています。いつかこのコネクターが、『宮古でしか作れない』となるような技術を持ちたいと目標としています。今回の寺子屋もそうですが、自分の周りには色々な事を教えてくれる人がいます。このような恵まれた環境で仕事をすることが、出来ているのです。だからこそ、いつか恩返しに自分が成長をした所を見せ、この宮古に貢献できたらなぁと、思っています。

たった一〇回でしたが、自分にとってすごく勉強になりました。今回教えて頂いたことを忘れずに、今後の仕事や生活に役立てていこうと思います。教えてくださった先生方、本当にありがとうございました。いつか必ず恩返しをします」。

4 「寺子屋」が生み出したもの

「寺子屋」から学ぶもの

「寺子屋」をやりながら、宮古では、いろいろなことを学んだ。いくつか紹介したい。

① 企業に本当に必要なことをやれば、人は集まる。

パターン化し前例踏襲で続いている研修が多い。担当者は人集めだけに苦労する。企業は勤務時間をさいて研修に出すので、効果がないと判断したものには次から人を出してくれない。当たり前のことだが、企業が必要としている研修でなければ意味がない。

② カリキュラムは、企業がつくる。

問題は、研修内容だ。現場を知らない者がカリキュラムを作っても、本当の企業ニーズはわからない。内容を考えるのは企業に任せて、行政は実施できる仕組みづくりを考える。

③ 「手ほどき」＝「塾」が必要。

時間をかけて、基本から教える。性急な成果を求めていきなり高度なことを教えても、効果は薄い。少人数で、根本から物事を手ほどきする「塾」のスタイルが有効。そして、長く続けることが大事。

「寺子屋というと、「読み・書き・そろばん」を教えるというイメージが強いが、宮古の寺子屋はノウハウを教えるものではない。考え方を教えている。考え方を教えれば、ノウハウは自分で学ぶようにな

写真13―３　寺子屋の修了式

注：前列左から、田鎖巌氏、熊坂義裕市長、（１人おいて）安藤充氏

る」と田鎖塾長は言う。田鎖塾長は、自分の講義以外にも、毎回、寺子屋に顔を出す。塾長としての務めであると言う。

「寺子屋」の発展

現在は、最初の「寺子屋」を「寺子屋・基礎編」と改名し、新たな「寺子屋」スタイルの研修が生まれている。「寺子屋・基礎編」卒業生を対象とした「寺子屋・品質管理編」は、各社から集まった受講生が職場で抱える問題をもちより、班編成の五回講座で、改善していこうとするものである。また、「寺子屋・技能編」は、工場では現在使われなくなった「ヤスリがけ」だけの講座を一〇回開催し、「モノづくりの考え方」を学ぼうとするものだ。「番屋塾」は、「寺子屋」の人材育成スタイルを漁業や水産加工業の分野に波及させようとすることを狙っている。

また、コネクター・金型産業の育成を図るため、岩手県では二〇〇七年四月から岩手県立宮古高等技術専門学校に金型技術科を開設することになった。さらに、宮古市では、産業人材育成の主眼に二〇〇七年四月に「宮古市産業支援センター」を設置する予定であり、「寺子屋」は、今後さらに発展していく。

5　「人材立地の時代」と「寺子屋」

宮古市が、工業振興に取り組んだのは、一九九八年七月にスタートした「宮古市工業振興ビジョン」策定作業からである。それまでの宮古市には、工業振興の予算もなく、方向性も明確でなかった。まさに「ゼロからのスタート」であった。

一九九七年一一月、当時、専修大学の助教授であった関満博氏は、宮古を初めて訪問され、宮古の地域企業の視察を行い、今後の成長の可能性を示唆された。さらに、人材育成の必要性を説き、これからは「人材立地の時代」であるといわれた。

翌年、一橋大学の教授となられた関満博氏に、宮古市は「工業振興ビジョン」の策定委員長をお願いし、本格的に工業振興に取り組むことになった。「工業振興ビジョン」の基本戦略は、「モノづくり」と「人づくり」だ。関教授には、今まで一三回宮古においでいただいているが、産業振興について長期的な指導をお願いしている。関教授のいう「人材立地の時代」に対する宮古独自の戦略が、「モノづくりが出来る人づくり・寺子屋」となった。

宮古市は人口五万人以上の市では、東京から最も遠い。勝負できるのは、「人材」だけである。

「人に付加価値をつけなければ、地域の将来はない」。

そんな、危機感から「寺子屋」は生まれた。

「人に付加価値をつけること」。

「技術者・ワーカー・間接要員も含めて日本一人材のいるまちを目指す」。

宮古では、今まで、小さな成功を積み重ねてきた。大きな成功につながるよう、これからも地域全体で頑張っていきたい。

（1）宮古市の水産加工業に関しては、佐藤日出海「海産物加工の現状と将来——岩手県宮古市」（関満博・佐藤日出海編『21世紀型地場産業の発展戦略』新評論、二〇〇二年）を参照されたい。
（2）宮古市の産業化の歩みと産業構造に関しては、関満博「地方小都市の産業振興——岩手県宮古市の展開」（関満博・小川正博編『21世紀の地域産業振興戦略』新評論、二〇〇〇年）を参照されたい。

終章　人材育成の新たな時代

関　満博

　ここまで、「人材育成」、その中でも地域中小企業の「後継者育成」を主軸に各地の取組みを見てきた。九州生産性本部による五〇年近い経験を重ねるものもあるが、多くは十数年から数年の取組みであった。特に、地方自治体による取組みは、二〇〇〇年代に入ってから目立つものになってきた。地方自治体の地域産業政策が、かつてのハード主体の産業支援施設の建設の時代から一歩進み、ソフトな政策に転換しつつあることを示しているようにも見える。つまるところ、「人材」がいなければ何も起こらないという認識を深めてきたのであろう。

　本書を閉じるこの章では、ここまでの検討を振り返り、新たな時代の「人材育成」、特に中小企業の「後継者育成」の課題というべきものを見ていくことにしたい。

目指している方向

　先の一三の塾の目指しているものは、それぞれ微妙に異なる。地域中小企業の後継者にターゲットを絞っている塾は、りそな銀行、伊予銀行、京都銀行、墨田区、柏崎市、東出雲町、帯広信金、岡山県である。経営者から経営幹部までを含めているのが九州生産性本部であり、また、地元若手経営者、後継者、市役所、会議所等までを視野に入れ、地域活性化の拠点にしようとするのが、高岡市、北上市であろう。また、長井市や宮古市の場合は、人材育成を高校生、技能者、後継者等に分け、幅の広い取組みを重ねているところに大きな特徴がある。いずれも、地域条件を大きく反映しているのであろう。また、金融機関の場合は、明確に有力取引先の「後継者」としていることもよく理解できる。

このように参加者の内容が違えば、当然、講義、ディスカッションの内容も異なる。「後継者」を視野に入れているりそな銀行の「マネジメントスクール」、京都銀行、東出雲町、帯広信金は、明確に経営管理論的な領域を中心にしている。いずれも実習、宿題などが課せられている。このような場合、各回の指導者は、それぞれ専門家が立つことになる。

これに対し、後継者以外の自治体職員、会議所、金融機関の職員等まで含む高岡市、北上市の場合、あるいは、後継者により高い構想力を持たせようとするりそな銀行の「マスターコース」、また、伊予銀行、墨田区、岡山県などの場合は、経営管理論的なものではなく、時代の「先端」を感じられるテーマで講義、ディスカッションが用意されている。また、講義とディスカッションは各塾とも、適宜、組み合わされているようである。宿題、レポートは、そのグループの特色により、実務的なもの、あるいは課題図書への感想を書かせるなどが見られる。いずれにおいても、「話す」「書く」「表現する」ということが重視されていることは興味深い。

若干のノウハウ

開催スケジュールは、月に一回というケースが普通であり、時間は土曜日の午後の半日をあてる場合が多い。中には、りそな銀行のように朝一〇時から夕刻までというケースもある。後継者、社会人とあれば、月一、土曜日というのが無理のないところであろう。また、夕刻からは「懇親会」が行われているケースが目立つ。指導者、事務局を含めた「懇親会」を重ねていくことが特に重要に思う。腹の割った深い付き合いが生まれてこよう。

メンバーの数は、一〇人前後という少人数の場合と、三〇～五〇人という場合に分かれる。また、三〇～五〇人の場合は、中で一〇人前後の小さなグループに分け、活動している場合も少なくない。さらに、経験的に、メンバーの中に女性が入っていると、活性化する大きな要素となっている。それはメンバーの中だけでなく、事務局におられても効果的である。

また、毎年、メンバーが変わるグループと、比較的固定化している場合とがある。これは、小さな都市の場合、参加可能な候補者が限られることもあるなど、地域条件が大きく影響している。また、留年生が多いところもある。それだけ魅力的な集まりなのであろう。このメンバーが固定している場合は、話題の立て方に工夫が必要になってこよう。さらに、塾によってはOB会がしっかり形成されているところも目立つ。ぜひ、OB会を積極化させ、また、現役との交流を図っていくことも必要であろう。りそな銀行の「マスターコース」などは、留年生もさることながら、いつでもOBは参加可能としている。OBが不意に訪れると、現役生はエキサイトすることは言うまでもない。

合宿、海外合宿等を組み込んでいる塾も少なくない。この合宿は、メンバー相互の交流だけでなく、指導者、事務局を含めて深い人間関係を形成していくことに不可欠と思う。実際、コースの早めに合宿を入れると、一気に親密になることも観察される。

さらに、国内合宿の場合、他の塾との交流にあてることも効果的である。視野が拡がり、そして、意外な出会いがあり、親しい友人を作る機会にもなる。このような事を重ねながら、塾とメンバーは成長していくのではないかと思う。

人材育成の三つのポイント

本書で取り上げた塾の幾つかで、私は指導者の役に就いている。その何年かの経験の中で感じることがある。それは、大学のゼミナールも同様なのだが、「人材育成の三つのポイント」というべきものである。

第一に、指導者、事務局が常に「彼らに関心を抱き続ける」ということである。温かく見守られて悪い気がする人は少ない。誰かに関心を抱かれていることを実感できれば「勇気」も湧いてくるであろう。さらに、日本の良き伝統である「私塾」や大学の「ゼミナール」のように、指導者を中心に何人かの仲間と全人格的に交流できるとなれば、「希望」と「勇気」はさらに高まる。そうした集団が、時に、他の同じような意識を抱いた集団と接触すると、ボルテージはさらに上がる。「関心」と「エネルギー」の上昇するスパイラル構造となり、事態は思わぬ方向に向かっていくであろう。あとは、彼らの新しい感性で次のステージに向かえばよい。

第二は、彼らに「世の中の『先端』を実感させる」ことである。自分が「先端」にいることを実感して燃えない人は少ない。「希望」と「勇気」は「先端」にふれることでスパークするであろう。その場合の「先端」はリアルな「現場」であることが望ましい。「先端」の「現場」には、人をときめかす「空気」が横たわっている。燃え上がる「熱気」、心地よい「緊張感」、それらの中にいて「勇気」が湧いてこない人はいない。その時、私は「世界はこのように動いている。人生は一度だ。納得のいく人生を送るために、これから何をすべきか考えてみよう」と語る。そのあとは、自分で考えることであることは言うまでもない。

そして、第三に「指導する側が、常に『先端』の『現場』に身を置き続けること」である。全人格的に付き合ってくれる少し年配の友人が、必死に頑張っていれば、周囲も関心を抱き続けてくれる。実はこの点が意外に難しい。人は誰でも加齢する。指導する側も、年齢を意識しながら「先端」の「現場」との付き合い方を考えていかなくてはならない。それは、指導する側自身が、適切な後継者を育成していかねばならないことを意味するであろう。

このように、「人材育成」「後継者育成」は古くて新しい問題である。年配者が指導し、若者が学ぶということは古くから行われてきた。ただし、社会人になり、また、三〇歳を過ぎたあたりから、責任ある判断を重ねていかなくてはならないが、系統的に学ぶという機会は意外に少ない。忙しい現代社会の前線に立つ人ほどそうであろう。実は、そうした人ほど、常に「希望」と「勇気」を抱き続けられるように自らをリフレッシュしていかなくてはならない。

そのためには、身近なところに全人格的な付き合いが可能な「塾」が必要になっているのであろう。本書を通じて紹介した「塾」は、そうした課題に対する実験であるのかもしれない。

二〇〇五年一一月の柏崎の交流会

二〇〇六年一〇月二六日、山形県長井市で開催された「第二回全国若手ものづくりシンポジウム」。

全国の塾のメンバーたちが集まってきた。

その一年前の二〇〇五年一一月二五日、新潟県柏崎市で集まりがあった。当初は、墨田区の「フロンティアすみだ塾」と柏崎の「柏崎青年工業クラブ」の三〇～四〇人ほどの小さな交流会を計画したのだが、いつの間にか拡大し、当日は富山県高岡の「たかおか地域活性化研究会」、山形県長井の「亦楽会」、さらに東京板橋区、新潟県長岡市、小千谷市の若手グループも参加し、一気に、約一二〇人ほどの交流会に拡大した。

スケジュールは初日の昼に現地集合、いくつかの班に分かれて市内の工場の視察、その後、シンポジウムとなった。柏崎代表の関矢浩章氏は「柏崎は大物加工を得意とする鉄工所が多いが、後継者の目処がついているところが少なくない。家業への思い入れが強く、街に対する愛着も深い」と語り始めた。確かに、柏崎には後継者とおぼしき若者が沢山いる。その若者たちは「四三歳定年」の「柏崎青年工業クラブ」に集い、実に先輩後輩が仲良く付き合っている。こんなに活性化している若者の集団は全国的にも珍しいのではないかと思う。

他方、墨田勢も血気盛んであり、深中メッキ工業の深田稔氏は「墨田の後継者問題は東京の中ではうまくいっている。特に、区役所が始めた『フロンティアすみだ塾』は面白い。みんなのエネルギーが高まってきた」と応えていた。フロアとの具体的な意見交換もあり、非常に盛り上がった。

最後に、やや長老の関矢氏は「会社は従業員、得意先に対して存続していかなくてはならない。そのためには、自分の得意技を持つことが重要であり、常に勉強して個人の力を蓄え、高めていくことが必要。そんな会社が増えれば、日本も大丈夫」と締めくくってくれた。

シンポジウムの後は、夜が更けるまで「懇親会」。柏崎と墨田の後継者塾の単発的な交流の予定であったのだが、中締めの頃には、長井のリーダーである斉藤金型製作所の二代目・斉藤輝彦氏が大きな声で「来年は長井が主催する。一〇〇〇人を集めよう」と気勢を上げると、「よし、決まった」と拍手が沸いた。新しい時代の到来を予感させるものがあった。

二〇〇六年一〇月の長井の交流会

それから一年。長井には先のメンバーに加え、新たに日立市、ひたちなか市、岡山県、津山市、島根県、江津市なども加わってきた。二〇〇六年一〇月二六日の午後に長井に集合。午後三時から各地の現状報告があり、夕刻からは大懇親会となった。これから「後継者塾」を立ち上げようとする日立市、ひたちなか市、江津市などのメンバーは先行する各地の情報収集に余念がなかった。懇親会の宴もたけなわの頃、長井の主催者である斉藤輝彦氏は「来年の開催はどこか」と大声で投げると、島根県江津の横田学氏が「島根のウチがやる」と応えてきた。

江津市は江戸時代には北前船の寄港する港町であったのだが、近代史では発展から取り残されていた。特に、現状の衰退ぶりに激怒した名門江津工業高校のＯＢたちが、新たな地域起こしの担い手として結集しつつある。手を上げた江津の横田氏は江津工業高校のＯＢであった。全国的な評判を呼んでいる長井工業高校のことに関心を抱き、今回の会に参加してきていた。横田氏は「長井工業高校は最高。こんなことができるとは思ってもいなかった。来年に向けて若手経営者、後継者を結集してコトにあたりたい」と言い残して帰っていった。

全国の至る所で、最近、「若手経営者・後継者」を結集する「私塾」というべきものが形成されつつある。本書で取り上げたものは、そのほんの一部かもしれない。今後はさらにお互いに交流を深め、刺激し合いながら、新たな「うねり」を引き起こしていって欲しい。次の時代を担う若者たちが「志」を高め、一歩踏み込むことがこの国の将来を豊かにしていくことは間違いないのである。

著者紹介

関　満博　（序章、第1章、終章）

上甲久史　（第2章）
1951年　生まれ
1974年　香川大学経済学部卒業
現　在　㈱いよぎん地域経済研究センター業務部長

案浦泰裕　（第3章）
1972年　生まれ
1995年　福岡大学法学部卒業
現　在　財団法人九州生産性本部業務部主任

林　隆憲　（第4章）
1946年　生まれ
1969年　同志社大学法学部
現　在　㈱京都総合経済研究所常務取締役経営相談センター部長

檜垣雅之　（第5章）
1971年　生まれ
1996年　明治学院大学法学部卒業
現　在　墨田区地域振興部商工担当産業経済課主任主事

柳　清岳　（第6章）
1953年　生まれ
1976年　日本大学法学部卒業
現　在　柏崎商工会議所中小企業相談所所長

須田稔彦　（第7章）
1969年　生まれ
1993年　金沢大学法学部卒業
現　在　高岡市産業振興部工業振興課主任

石川明広　（第8章）
1961年　生まれ
1984年　千葉大学人文学部卒業
現　在　北上市商工部商工課工業係長

周藤陽子　（第9章）
1961年　生まれ
1979年　島根県立安来高等学校卒業
現　在　東出雲町産業建設課商工・農政グループリーダー

石井博樹　（第10章）
1959年　生まれ
1982年　明治大学経営学部卒業
現　在　帯広信用金庫経営企画部主任推進役

小林健二　（第11章）
1961年　生まれ
1984年　大阪大学経済学部卒業
現　在　岡山県産業労働部産業企画課主幹

横山照康　（第12章）
1960年　生まれ
1985年　立正大学法学部卒業
現　在　長井市商工観光課補佐（企業振興担当）

佐藤日出海　（第13章）
1955年　生まれ
1979年　法政大学経営学部卒業
現　在　宮古市産業振興部商工課主幹

編者紹介

関《せき》 満博《みつひろ》

1948年　生まれ
1976年　成城大学大学院経済学研究科博士課程修了
現　在　一橋大学大学院商学研究科教授　経済学博士
著　書『現場主義の知的生産法』（ちくま新書、2003年）
『「現場」学者　中国を行く』（日本経済新聞社、2003年）
『台湾IT産業の中国長江デルタ集積』（新評論、2005年）
『現場主義の人材育成法』（ちくま新書、2005年）
『ニッポンのモノづくり学』（日経BP社、2005年）
『現代中国の民営中小企業』（新評論、2006年）
『[増補版] ベトナム／市場経済化と日本企業』（新評論、2006年）
『二代目経営塾』（日経BP社、2006年）
『変革期の地域産業』（有斐閣、2006年）
『元気の出る経営塾』（オーム社、2006年）
『中国自動車タウンの形成』（新評論、2006年）他

受　賞　1984年　第9回中小企業研究奨励賞特賞
1994年　第34回エコノミスト賞
1997年　第19回サントリー学芸賞
1998年　第14回大平正芳記念賞特別賞

地域産業振興の人材育成塾　（検印廃止）

2007年2月25日　初版第1刷発行

編　者　関　満博
発行者　武市一幸
発行所　株式会社　新評論

〒169-0051　東京都新宿区西早稲田3-16-28
http://www.shinhyoron.co.jp
電話　03（3202）7391
FAX　03（3202）5832
振替　00160-1-113487

落丁・乱丁本はお取り替えします
定価はカバーに表示してあります

装　丁　山田英春
印　刷　新栄堂
製　本　清水製本プラス紙工

ISBN 978-4-7948-0727-4
Printed in Japan